김종기

샤를 보들레르(Ch. Baudelaire)의 『악의 꽃(Les Fleurs du Mal)』과 『파리의 우울(Spleen de Paris)』에 관한 문체론 연구로 프랑스 툴루즈 II 대학교에서 박사학위를 받았다. 부산대학교 불어불문학과와 대학원을 졸업했다. 한국해양대학교 유럽학과를 거쳐 부산대학교 사범대학 불어교육과 교수로 재직했다. 플로티노스의 미학으로 『악의 꽃』을 해석한 논문을 10여 편 발표했다. 프랑스문화와 영화를 좋아하여 공부했고, 관련 과목을 개설해 재미있게 강의했고 논문도 썼다. 문우주붕(文友酒朋)들과 함께 부산 「KBS 고전 아카데미」를 기획하고 진행하면서 시민들과 세계 고전의 깊이를 공부한 10년, 선비 교수님을 따라 「세상의 모든 시학」에서 시가 그리운 학생들과 함께 예술의 넓은 세계를 여행한 10년, 이 모두 즐겁고 행복한 시절이었다. 이때 『세계고전오디세이』, 『시민의 인성』 등 인문 교양서에 공저자로 참여했다. 24년 2월 퇴직하고 그리스어와 라틴어 공부를 다시 시작하면서 르네상스 사람이 되리라 꿈꾸고 있다. 프랑스어·문학과 문화 관련 교육·연구를 공로로 여긴 프랑스 정부로부터 '프랑스 교육문화훈장 기사장(Chevalier dans l'ordre des PALMES ACADEMIQUES)'을 받았다.

치유인문컬렉션

———

12

파리는 당신을
기억합니다

Collectio Humanitatis pro Sanatione XII

sociētas

미다스북스

치유인문컬렉션 도서 목록

I
『자기배려, 스스로 돌보는 몸과 삶』

II
『차크라의 지혜』

III
『숲을 만나는 기쁨』

IV
『감정조율을 위한 소리 이야기』

V
『행복해질 수 있는 용기』

VI
『청춘 위로』

VII
『다무포하얀마을 고래의 꿈』

VIII
『오직 모를 뿐 벽암록』

IX
『고전치유학을 위하여』

X
『위로의 도시』

XI
『금강산을 누워서 걷노라니』

XII
『파리는 당신을 기억합니다』

* 콜렉티오 후마니타티스 프로 사나티오네(Collectio Humanitatis pro Sanatione)는 라틴어로 치유인문컬렉션이라는 뜻입니다. 세상의 상처를 치유하기 위해서는 인간이 만들어낸 모든 학문이 동원되어야 한다는 생각에서 출발합니다.

한 번씩 찾은 파리는 언제나 그대로여서 좋았고,
오랜만에 찾았지만 낯설지 않아서 반가웠고,
다시 찾은 고향처럼 포근해서 편안했다.

하지만 안개에 젖은 듯 신비를 품은 파리는
여전히 가슴을 설레게 하는 도시였다.

젊은 시절 내 사랑의 신비가 서린 나의 파리는 여태 안개에 젖어 있다.
언제라도 다시 가서 만나고 싶다.

이 책을 읽는 당신에게 부디 나의 파리 사랑이 전염되기를!
아직 파리를 만나지 못한 당신 가슴 한편에 파리의 신비를 알고 싶다는,
가보고 싶다는 보랏빛 꿈 씨 하나 살며시 깃들기를!

이미 여러 번 파리를 만나본 당신일지라도,
파리, 그 기억이 갑작스러운 그리움으로 피어나기를!
그래서 사랑과 치유의 도시가 여전히 파리임을
당신 또한 새삼 느낄 수 있기를!

목차

존재와 치유, 그리고 인문

존재

"나는 생각한다, 그러므로 존재한다."

어느 이름난 철학자가 제시한 명제다. 생각으로부터 존재하는 이유를 찾는다는 뜻이다. 나름 그럴듯한 말이지만 결국 이 말도 특정한 시기, 특정한 공간에서만 적절한 명제이지 않을까? 물론 지금도 그때의 연장이요, 이곳도 그 장소로부터 그리 멀지 않다는 점에서 그 말의 효능은 여전하다고 하겠다. 다만 존재 이전에 생각으로 존재를 규정하는 것이 가끔은 폭력이라는 생각도 든다. 나는 이렇게 실제 존재하고 있는데, 존재를 증명하기 위해 합리적이고 논리적인 설득을 선결해야 한다. 만일 존재를 설득해내지 못하면 나의 존재는 섬망(譫妄)에 불과할지도 모르다니! 그래서 나는 이 말의 논리가 조금 수정될 필요가 있다고 생각한다.

"나는 존재한다. 그러므로 존재한다."

존재 그 자체가 존재의 이유인 것이다. 누가 호명해주지 않아도 존재하는 모든 것은 나름의 이유가 있고, 존중받을 가치를 지니고 있다. 존재는 그 자체로 완전하며 누군가의 판단 대상이 아니다. 비교를 통해 우열의 대상이 되어도 안되고, 과부족(過不足)으로 초과니 결손으로 판단되어도 안된다. 또한 사람이든 동물이든, 식물이든, 벌레든 외형이 어떤가에 상관없이 세상에 나오는 그 순간부터 존재는 이뤄지고 완성되며 온전해진다. 존재는 태어나고 자라고 병들고 죽는다. 이 자체는 보편진리로되, 순간마다 선택할 문은 늘 존재한다. 그 문도 하나가 닫히면 다른 문이 열리니, 결국 문은 열려 있는 셈이다. 그 문을 지나 길을 걷다 보면 어느새 하나의 존재가 된다. 어쩌면 순간순간 선택할 때는 몰랐지만, 이것이 그의 운명이요, 존재의 결과일지도 모를 일이다. 그런 점에서 그의 선택은 그에게 가장 알맞은 것이었다. 존재는 그 자체로 아름답다.

치유

그런 점에서 치유라는 개념은 소중하다. 치유는 주체의

존재에 대한 긍정을 바탕으로 자신을 스스로 조절해가는 자정 능력을 표현한다. 외부의 권위나 권력에 기대기보다는 원력(原力, 원래 가지고 있던 힘)에 의거해 현존이 지닌 결여나 상처나 과잉이나 숨가쁨을 보완하고 위로하며 절감하고 토닥여주는 것이다. 원력의 상황에 따라서 멈추거나 후퇴하거나 전진을 단방(單方)으로 제시하며, 나아가 근본적인 개선과 전변, 그리고 생성까지 전망한다. 간혹 '치유는 임시방편에 지나지 않은가' 하는 혐의를 부여하기도 한다. 맞는 지적이다. 심장에 병이 생겨 수술이 급한 사람에게 건네는 위로의 말은 정신적 안정을 부여할 뿐, 심장병을 없애지는 못한다. 그러나 병증의 치료에 근원적인 힘은 치료 가능에 대한 환자의 신뢰와 낫겠다는 의지에 있음을 많은 의료 기적들은 증언해주고 있다. 어쩌면 우리는 이 지점을 노리는지도 모르겠다.

구름에 덮인 산자락을 가만히 응시하는 산사람의 마음은 구름이 걷히고 나면 아름다운 산이 위용을 드러내리라는 믿음을 바탕으로 한다. 내보이지 않을 듯이 꼭꼭 감춘 마음을 드러내게 만드는 것은 관계에 대한 은근한 끈기와 상대에 대한 진심이 아니던가! 치유는 상처받은 이(그것이 자신이든 타인이든)에 대한 진심과 인내와 신뢰를 보내는 지극히 인간적인 행위이다. 마치 세상의 모든 소리를 듣고 보겠다는 관세음보살의 자비로운 눈빛과 모든 이의

아픔을 보듬겠다며 두 팔을 수줍게 내려 안는 성모마리
아의 자애로운 손짓과도 같다. 이쯤 되면 마치 신앙의 차
원으로 신화(神化)되는 듯하여 못내 두려워지기도 한다. 그
러나 치유의 본질이 그러한 것을 어쩌겠는가!

인문

우리는 다양한 학문에서 진행된 고민을 통해 치유를
시도하고자 한다. 흔히 인문 운운할 경우, 많은 경우 문
학이나 역사나 철학 등등과 같은 특정 학문에 기대곤 한
다. 이는 일부는 맞고 일부는 그렇지 않다. 세상은 크게
세 가지로 구성되어 있다. 여러분이 한번 허리를 곧게 세
우고 서 보라. 위로는 하늘이 펼쳐져 있고, 아래로 땅이
떠받치고 있다. 그 사이에 '나'가 있다.

고개를 들어본 하늘은 해와 달이, 별들로 이뤄진 은하
수가 시절마다 옮겨가며 아름답게 수놓고 있다. 이것을
하늘의 무늬, 천문(天文)이라고 부른다. 내가 딛고 선 땅은
산으로 오르락, 계곡으로 내리락, 뭍으로 탄탄하게, 바다
나 강으로 출렁이며, 더러는 울창한 숲으로, 더러는 황막
한 모래펄로 굴곡진 아름다움을 이루고 있다. 이것을 땅
의 무늬, 지문(地文)이라고 부른다. 그들 사이에 '나'는 그

수만큼이나 다양한 말과 생각과 행위로 온갖 무늬를 이뤄내고 있다. 이것을 사람의 무늬, 인문(人文)으로 부른다.

인문은 인간이 만들어내는 모든 것을 가리킨다. 그 안에 시간의 역사나 사유의 결을 추적하는 이성도, 정서적 공감에 의지하여 문자든 소리든 몸짓으로 표현하는 문학 예술도, 주거 공간이 갖는 미적 디자인이나 건축도, 인간의 몸에 대한 유기적 이해나 공학적 접근도, 하다못해 기계나 디지털과 인간을 결합하려는 모색도 있다. 이렇게 인문을 정의하는 순간, 인간의 삶과 관련한 모든 노력을 진지하게 살필 수 있는 마음이 열린다. 다만 이 노력은 인간이 지닌 사람다움을 표현하고 찾아주며 실천한다는 전제하에서만 인문으로 인정될 수 있다. 이제 천지와 같이 세상의 창조와 진퇴에 참육(參毓)하는 나를, 있는 그대로 바라볼 때가 되었다.

餘滴

어데선가 조그마한 풀씨 하나가 날아왔다. 이름 모를 풀씨가 바윗그늘 아래 앉자 흙바람이 불었고, 곧 비가 내렸다. 제법 단단해진 흙이 햇빛을 받더니, 그 안에서 싹이 올라왔다. 그런데 싹이 나오는 듯 마는 듯하더니 어느

새 작은 꽃을 피웠다. 다음 날, 다시 풀씨 하나가 어데선가 오더니만 그 곁에 앉았다. 이놈도 먼저 온 놈과 마찬가지로 싹을 틔우고 꽃을 피웠다. 그런데 이게 웬일인가! 그 주위로 이름 모를 풀씨들은 계속 날아와 앉더니 꽃을 피워댔다. 이들은 노란빛으로, 분홍빛으로, 보랏빛으로, 하얀빛으로, 혹은 흙색으로 혹은 알록달록하게 제빛을 갖추었다. 꽃 하나하나는 여려서 부러질 듯했는데, 밭을 이루자 뜻밖에 아름다운 꽃다지로 변했다. 생각지도 못한 일이었다!

이 컬렉션은 이름 모를 풀꽃들의 테피스트리다. 우리는 처음부터 정교하게 의도하지 않았다. 아주 우연히 시작되었고 진정 일이 흘러가는 대로 두었다. 필자가 쓰고 싶은 대로 쓰도록 했고, 주고 싶을 때 주도록 내버려 두었다. 글은 단숨에 읽을 분량만 제시했을 뿐, 그 어떤 원고 규정도 두지 않았다. 자유롭게 초원을 뛰어다닌 소가 만든 우유로 마음 착한 송아지를 만들어내듯이, 편안하게 쓰인 글이 읽는 이의 마음을 편안하게 할 것이라는 믿음 때문이었다. 우리는 읽는 이들이 이것을 통해 자신을 진지하게 성찰하고 새롭게 각성하기를 원하지 않는다. 그저 공감하며 고개를 주억거리면 그뿐이다. 읽는 분들이여, 읽다가 지루하면 책을 덮으시라. 하나의 도트는 점박이를 만들지만, 점박이 101마리는 멋진 달마시안의 세계를 만들 것이다. 우리는 그때까지 길을 걸어가려 한다. 같이 길을 가는 도반이 되어주시는 그 참마음에 느꺼운 인사를 드린다. 참, 고맙다!

2024년 입추를 지난 어느 날
치유인문컬렉션 기획위원회 드림

글을 시작하며

파리를 사랑하는 당신에게

〈파리는 안개에 젖어〉. 제목이 멋있어 보여 수업을 빼먹고 보러 간 영화였다. 고등학교 2학년 때 일이다. 갈색 마로니에 낙엽들이 흩날리는 가을의 파리, 센강과 생마르탱 운하를 배경으로 흘렀던 안개 속 장면들, 지금도 내 기억 한편의 풍경으로 남아있다. 처음 만난 파리였다.

불문과에 입학하고 공부를 시작했던 70년대 말, 문법과 강독과 문화를 위한 여러 교재에는 언제나 파리가 배경으로 깔려 있었다. '평화 카페'에서 필립과 꺄트린이 만나고, 길 건너 '오페라 가르니에'에서 공연을 보고, 버스와 지하철을 타고 온 파리를 쏘다니는 그들. 몽마르트르와 에펠탑에서, 센강의 '바또 무슈'에서 보는 파리는 아름답고 사랑스러운 도시였다. 1980년 막 문을 연 부산 프랑스문화원에서도 파리를 만났다. 방학 때는 일주일에 여섯 편의 영화를 본 적도 있었는데 많은 영화의 배경 또한 파리였다.

대학 3학년 여름 한 달, 통역 아르바이트를 할 때였다. 일이 끝난 저녁 프랑스 사람들과 먹고 마시며 이야기할 기회가 많았는데, 어떤 대화 끝에 내게 물었다, 파리에 얼마 동안 살았느냐고. 아주 먼 도시의 거리와 문화유산, 건축물과 카페 이름까지 꿰었으니 당연한 오해였다. 그들보다 파리를 더 잘 안다는 사실에 스스로 놀랐다. 왠지 모를 현실의 허전함을 느꼈지만 언젠가 파리에 가보리라는 희미한 기대가 묘하게 교차했다.

　　유학시절 처음 만난 파리는 책에서 보았던 건물이며 카페며 길거리 모습을 그대로 보여주었다. 영화 장면이었던 운하며 다리며 광장도 여전히 제 자리를 지키고 있었다. 책과 영화에서 파리를 처음 만났던 내 젊은 날이, 무언가 절실했던 그 시절이, 직접 마주한 파리에 어느새 추억으로 물들어 있었다. 파리를 만난다는 것이 그때부터 왠지 모를 설렘이 되었다.

　　전공한 보들레르도 지독하게 파리를 사랑한 시인이었다. 그의 작품 도처에 19세기 중반의 혼돈스러운 파리가 녹아있었다. 프랑스 문화와 영화 강의에서도 파리는 빼놓을 수 없는 도시였다. 그러면서 한 번씩 찾은 파리는 언제나 그대로여서 좋았고, 오랜만에 찾았지만 낯설지 않아서 반가웠고, 다시 찾은 고향처럼 포근하게 다가와서 편안했다. 하지만 안개에 젖은 듯 신비를 품은 파리는 여전히 가슴을 설레게 하는 도시였다.

2020년의 연구년은 파리를 깊게 만난 축복이었다. 코로나로 문을 닫은 대학 대신 온 거리를 쏘다니며 파리의 신비를 찾아 나섰고, 귀국 후 이를 모아 '파리문화기행'이라는 원격강의로 촬영했다. 문화유산을 중심으로 파리를 읽어간 이 강의를 위해 촬영용 원고를 꼼꼼하게 써나가야 했다. 자연스레 강의내용이 정리되고 있었다.

'파리문화기행'이 파리라는 밤하늘에 빛나는 별들을 몇 가지 주제로 묶어 나열한 강의였다면, 이 책은 '치유인문학'이라는 큰 이야기를 위해 그 별들 중 몇몇을 골라 연결시켜 본 것이다. "밤하늘의 별을 하나씩 바라보는 것과 몇 개의 별을 이어서 별자리를 만드는 것은 완연히 다른 일이다." 좋아하는 어느 작가의 말이다. 그 다름이 무엇인지 생각해 보았다.

별자리를 그리려면 별들이 자리한 밤하늘 전체와 그 별 하나씩을 동시에 바라보아야 한다. 그리고 별을 바라보는 사람은 자신의 이야기를 가지고 있어야 한다. 넓은 밤하늘에서 별들 모두를 살펴가며 자신의 이야기에 어울리는 별을 하나하나 골라내야 하기 때문이다. 문제는 이야기다. 이야기가 없으면 별자리를 만들 수 없다. 지금 밤하늘을 수놓은 모든 별자리에 누군가의 아름다운 이야기가 어김없이 숨겨져 있는 것처럼.

　이 책의 원고가 애초 강의를 위한 것이기에 파리에 관한 다소 딱딱한 이야기로 비칠 수도 있다. 관광을 위한 가이드북처럼 얇고 넓은, 표면적이며 말랑말랑한 파리가 아니기 때문이다. 그 대신 건축물이나 기념물들, 그들과 함께하는 부조나 장식, 동상들을 꼼꼼하게 바라보며 파리가 담고 있는 이야기에, 노래에 귀 기울이고자 했다.

　이를 위해 이 책이 속한 기획시리즈의 주제인 '치유' 개념을 파리의 구체적인 것들과 연결시켜 보았다. 파리가 자신의 도시에 살았던, 혹은 지금 현재 살고 있는 사람들, 그리고 전 세계인에게 보여준 위로와 위안, 배려와 감사, 희망과 치유를 '기억'으로 읽었다. 파리를 위해 희생한 사람을 잊지 않고, 고생하고 힘들고 아파하는 세계를 기억하며, 그들에게 희망의 메시지를 전하려한 파리의 사랑을 읽은 것이다. 파리의 건축물과 다리들에, 기념물과 탑과 묘지에 새겨진, 누군가를 보듬어 그의 슬픔과 아픔을 달래려했던 파리가 부르는 사랑과 치유의 노래를, 그 애틋한 기억을 새겨보려 한 것이다.

　이를 위해서 파리라는 밤하늘 전체부터 그려 보았다. 우리가 만나는 오늘의 파리 거의 그대로가 150년도 더 이

전에 이미 완성되었다. 제2 제정과 함께 오늘의 파리가 탄생할 수 있었던 배경과 원인과 과정을 산업혁명과 근대라는 관점에서 따라가 볼 것이다. 오늘날까지 곳곳에 스며있는 파리의 사랑과 치유, 그 향기와 색깔이 이런 근대 도시 파리에 새겨져 있기 때문이다.

　파리라는 도시가 자기 스스로를 치유하기 위한 사랑의 주체가 된다는 사실은 먼저 파리가 어떠어떠한 슬픔과 아픔을 겪은 도시라는 사실을 전제할 때 가능하다. 프랑스−프러시아 전쟁과 그로 인해 파리가 분열하고 대립하여 피 흘린 파리코뮌은 깊고 아픈 상처를 새겼다. 힘들고 지친 사람들, 가난한 젊은 예술가들에게 안식처와 같았던 몽마르트르 언덕, 파리코뮌의 장소이자 고대부터 치유의 장소였던 그곳에 사크레쾨르 대성당을 세우며 새겨놓은 위로와 행복의 메시지, 그리고 파리의 거리 곳곳에 작은 녹색 별들처럼 반짝이는 왈라스 샘에 숨겨진 사랑을 만날 것이다.

　전쟁과 분열의 상처를 뒤로 한 근대도시 파리의 탄생은 산업화와 같은 이름이다. 그 절정인 벨 에포크Belle époque를 맞이한 파리가 센강에 새긴 사랑이 아름답다. 노동자들과 시민들을 위한 격려와 염원과 희망의 메시지를 센강의 몇몇 다리에서 확인할 것이다. 세월 속에서 파리가 겪은 격랑과 풍파가 센강 다리의 이름들이라면, 알렉상드르 3세 다리는 벨 에포크의 파리를 위한 찬가이다. 한 편의 시가 된 미라보 다리, 어떻게 한 도시가 사랑과 예술의 도시가 되고, 아픈 연인들을 치유할 수 있는지를 느껴볼 것이다.

에펠탑은 그냥 에펠탑이 아니다. 산업화와 제국주의의 또 다른 의미, 이 시대를 추동한 프랑스의 자부심과 욕망이 모두 감추어져 있다. 제국주의와 손잡은 산업화의 꽃이 세계박람회라면, 철강건축은 새로운 시대를 향한 디딤돌이었다. 철탑의 건축과 구조가 가지는 의미는 무엇인가, 에펠의 집념과 노력에 묻어있는 열정은 얼마나 뜨거웠던가, 과학기술과 예술이 논하는 아름다움이란 어떤 것인가, 이 모든 것을 지나 지금은 파리의 별이 된 에펠탑, 그 사랑의 메시지는 어떻게 세계인을 향하는가. 파리의 목녀(牧女) 에펠탑에서 읽어볼 것이다.

도시는 자궁이다. 옛 그리스 사람들의 생각이다. 외부로부터 나를 보호해 주는 빙 둘러싼 담장 안쪽, 안전하고 따뜻하고 풍요한 삶의 상징이다. 그리고 도시는 사람이다. 사람이 모여 살아야 도시가 되기 때문이다. 파리는 자신의 도시에서 살다간 사람들을 잊지 않았다. 자신의 영웅을, 자신을 위해 봉사하고 희생한 사람을, 이름 없는 옛 사람들까지도 빠뜨리지 않고 기억하는 한 방식이 파리의 지하왕국 카타콩브와 파리의 묘지와 추모기념물이다. 공원 길섶의 추모비 하나에서 파리가 부르는 조그만 사랑과 치유를, 그 기억의 모습을 마지막으로 읽어볼 것이다.

파리를 이렇게 '치유', 그러니까 사랑과 기억이라는 관점에서 읽게 된 연유가 있다. 애초 원격강의 '파리문화기행'을 제안한 한문학과 김승룡 교수는 진즉 강의원고를 책으로 묶어보라 조언했다. 출판사까지 소개해준 터였다. 오래전부터 나의 시학의 도반이자 인품의 스승인 그는 무엇이든 이리저리 미루는 나를 이번에도 너그럽게 기다려 주고 또한 이끌어 주었다. 수년이 지난 후 이제 '치유'와 '인문학'의 접목이라는 관점에서 기획한 시리즈의 한 권으로 꾸며보자며 또다시 내게 기회를 준 것이다. 그러니까 이 책은 온전히 김승룡 교수 덕분이다. 감사드린다.

이 책의 바탕 격인 원격강의 촬영을 위한 모든 초벌원고를 일일이 꼼꼼하게 확인, 검토해준 옆방의 동료 이송 교수께도 감사드린다. 도움과 조언과 격려가 강의촬영은 물론 이 책을 엮는데 근본적인 보탬이 되었다. 강의를 함께 했던 불어교육과 학생들, 교양강의 학생들이 없었다면 이 책 또한 없었을 것이다. 진지하게 경청하면서, 소박하지만 근본을 다시 생각하게 했던 관심과 질문이 많은 각성이 되었다.

연구년 동안 코로나19를 뚫고 걸어서 파리 구석구석을 함께 누빈 나의 아내, 그의 지극한 파리 사랑이 또한 내가 파리의 신비를 찾아 나선 중요한 동기였다. 헌신과 배려가 깊었다. 먼 나라와 서울을 오가며 손주 루빈과 아리를 돌보는 사이에도 이 책의 원고를 꼬박꼬박 읽어주었다. 국어교육 전공자다운 꼼꼼한 교정과 문체에 관한 의견, 애정 어린 감상평이 나를 긴장하게 만들었다. 고마울 따름이다.

당신이 파리를 사랑하게 된다면 이미 파리는 당신을 치유하는 도시가 될 수 있다. 그 무엇보다도 타자의 슬픔과 아픔에 공감할 줄 아는 사랑이 최고의 치유이기 때문이다. 젊은 시절 내 사랑의 신비가 서린 나의 파리는 여태 안개에 젖어 있다. 언제라도 다시 가서 만나고 싶다.

이 책을 읽는 당신에게 부디 나의 파리 사랑이 전염되기를! 아직 파리를 만나지 못한 당신 가슴 한편에 파리의 신비를 알고 싶다는, 가보고 싶다는 보랏빛 꿈 씨 하나 살며시 깃들기를! 이미 여러 번 파리를 만나본 당신일지라도, 파리, 그 기억이 갑작스러운 그리움으로 피어나기를! 그래서 사랑과 치유의 도시가 여전히 파리임을 당신 또한 새삼 느낄 수 있기를!

1.

파리,
근대도시의 탄생

sociétas

Collectio Humanitatis pro Sanatione XII

파리의 거의 모든 도로에 들어서면 거리 풍경이 드러
내는 특징이 있다. 쭉 뻗은 직선의 도로, 그 양쪽으로 마
치 복도의 벽처럼 줄지은 건물들, 그리고 도로와 평행한
건물의 스카이라인이 한눈에 들어온다. 건물들이 도로
양쪽을 빽빽하게 가리고 있음에도 하늘이 좀 더 넓게 열
려 있다는 점도 빼놓을 수 없다. 여느 도시에서 볼 수 없
는 독특한 거리 풍경이다.

벽처럼 늘어선 건물들은 전체적으로 비슷하다. 흔히 2층, 4층, 5층에 있는 발코니와 난간은 긴 직선을 긋고 있다. 그리고 같은 색깔과 경사의 지붕 또한 연속으로 이어져 있다. 이 건물들의 창문 형태와 구조, 베란다 난간의 형태와 장식, 색깔 또한 모두 비슷하다. 그래서 여러 채의 건물인데도 언뜻 보아 기다란 한 채의 건물처럼 보인다. 특히 건물의 높이와 도로의 너비가 거의 비슷해서 도로가 정사각형의 긴 복도 같다. 전체적인 통일성을 갖추고 있어 깔끔한 모습이다.

정사각형의 긴 복도 같은 파리의 건물과 도로.
오페라 가르니에에서 본 오페라 가.

이런 거리와 건축물이 파리의 50% 이상을 차지하는데, 특히 도심에 밀집되어 있다. 이를 오스만 양식이라 부른다. 거리와 건축이 개성적이고, 고유한 특성을 가지고 있기 때문에 이를 건설한 사람의 이름을 딴 것이다. 근대도시 파리를 위해 파리개조사업이 창조한 파리의 특징적인 양식이다.

파리의 근대는 파리개조사업으로 그 절정에 이른다. 근대도시 파리가 탄생한 것이다. 오스만 양식의 19세기 파리, 21세기인 지금까지 그대로 남아있는 파리가 되었다. 그런데 왜, 무엇 때문에 파리는 이런 양식의 거리와 건축물을 짓게 되었을까?

1)

두 개의 파리와 근대

19세기 전반에는 두 개의 파리가 있었다. 노트르담 성당과 루브르 궁전, 튀일리 정원, 그리고 보주 광장과 방돔 광장 같은 종교적 · 정치적 · 상업적 공간의 파리가 있었다.

방돔 광장

또한 18세기와 19세기 초에 건설된 콩코르드, 에투왈, 바스티유 같은 너른 광장, 샹젤리제 같은 공공적 거리의 파리도 있었다. 이들 모두는 왕족과 귀족들을 위한 파리였다.

이런 왕궁, 성당 등, 정치·문화적으로 정비된 건축물과 정원과 기념물의 파리가 아닌 또 다른 파리도 있었다. 옛날 중세도시 파리였다. 너무 좁아서 마차도 잘 지나다닐 수 없는 중세시대의 골목길, 형편없는 주택들이 엉망진창으로 뒤섞인 주거지, 꽉 막혀 숨도 제대로 쉴 수 없는 파리였다. 왕족과 귀족들의 공간이 아닌 일반 시민들이 사는 대부분의 파리 도심이 그랬다.

옛 파리 1885년, 레알 근처 브니즈 가 / 위키피니아

산업혁명이 본격화한 19세기 초반이 되자 파리의 이런 상황은 더욱 악화된다. 새로운 세기가 시작되었지만 파리의 대부분은 이런 중세도시의 상태로 머물러 있었기 때문이다. 대혁명 이후 계속된 사회·정치적 혼란 때문에 중세도시 파리를 다가온 근대에 어울리는 새로운 도시로 정비해 나갈 기회가 없었던 것이다.

산업혁명·근대·도시라는 단어들은 한 가지 복합적인 현상을 세 방향에서 바라본, 그러니까 서로 떼려야 뗄 수 없는 개념을 공유하고 있다. 특히 산업혁명과 근대는 동전의 양면과 같다. 이들이 가진 정치·경제·사회·문화적 함의가 19세기 중반 이후 그 모습을 완전히 바꾸어 새롭게 태어난 파리와 관련이 있다.

산업혁명은 농업과 가내수공업을 기반으로 하던 사회가 과학기술과 사회제도의 발전으로 인하여 상공업 사회로 급격히 변화한 현상을 말한다. 18세기 영국에서 시작된 이런 변화가 19세기 초 프랑스에 본격적으로 도래한 것이다. 기계화에 의한 공장 시스템이 등장하여 대량생산이 가능해졌고, 생산성이 증대하니 경제가 엄청나게 성장했다. 농민들은 공장이 있는 도시로 왔고, 공장의 노동자가 되었고, 도시의 서민이 되었다.

산업혁명으로 인해서 이렇게 변화한 시대를 근대라고 부른다. 근대사회의 중요한 특징으로 도시화와 자본화 그리고 인구의 집중으로 인한 익명성을 꼽는다. 전통적으로 도시는 큰 시장이 있는 곳이었다. 시골에 비해 당연히 인구가 집중되어 있었다. 대량생산에 기초한 상공업은 노동력이 필요했고, 시장이 아주 중요한 요소였다. 그래서 공장은 도시에 건설되었고, 사람이 더 많이 모였으며, 시장이 있고 사람이 모이는 곳으로 자연스럽게 자본이 따라왔다. 바로 근대도시이다.

도시가 본격적인 자본주의의 공간이 된 것이다. 자본주의는 근본적인 특성을 가지고 있다. 생산수단이 사유화되고 이에 따른 이윤추구는 또 다른 자본을 만들어 자본을 축적할 수 있게 해주고, 이는 또 다른 이윤추구로 이어지는 끊임없는 연쇄이다. 이런 과정은 사회를 매우 역동적으로 구동시킨다. 바로 이런 공간, 사람과 자본이 함께 어울려 역동적으로 움직이는 공간이 근대 도시이다.

19세기 전반의 파리도 산업혁명과 근대의 물결을 그대로 받아들인 도시였다. 더 많은 공장이 들어섰고, 더 많은 노동자가 모여들었다. 짧은 기간에 인구가 급격히 증가했다. 그런데 이를 위해 꼭 필요한 주거, 식량, 교통, 상하수도 등을 제대로 갖추지 못하면서 파리에는 많은 문제가 발생한다. 노동을 위해서 시내에서 살 수밖에 없는 하층민들은 낡고, 과밀하고, 어둡고, 통행도 쉽지 않은, 게다가 위생까지 형편없는 그런 파리에서 살아야만

했던 것이다.

19세기 전반 파리의 주거, 교통, 위생 상황이 어땠는가를 조금만 들여다보아도 실감할 수 있다. 사회 철학자이자 개혁가였던 빅토르 콩시데랑이 관찰한 1834년의 파리 풍경이다.

파리는 부패한 대규모 공장이다. 여기서 온갖 비참과 질병과 전염병이 서로 다투어 생산된다. 공기도 햇빛도 들어올 수 없다. 식물도 시들고 썩어버리는 곳. 태어난 일곱 명의 아이들 중 여섯 명이 1년 안에 죽어버리는 곳. 정말 지독한 곳이다.

당시 시테섬, 루브르 궁전, 파리 시청 사이에 있던, 지금 7구의 주거지는 중세 이후 거의 변한 게 없었다. 파리 중심가의 인구밀도는 엄청나게 높았다. 현재 3구에 해당하는 시청 주변의 주거 상황은 3m²가 한 사람의 공간이었다.

교통문제 또한 매우 심각했다. 한 잡지의 통계에 의하면 1853년, 파리에 등록된 마차는 6만 259대였다. 말을 묶은 이 마차들을 한 줄로 세우면 300km에 달한다고 한다. 이 당시 파리의 도로 길이는 총연장 500km가 되지 못했다. 파리의 교통체증이 눈에 선하다.

파리의 교통체증 / 위키피디아

시내에서 이동 사정이 얼마나 열악했는가를 보여주는 일화가 있다. 센강 남쪽, 좌안 15구에 사는 어떤 공증인이 우안의 파리도매시장 레알(Les Halles de Paris) 근처 증권거래소에 간단한 일을 보려면 하루 숙박을 해야만 했다는 기록이 그것이다. 불과 5km 정도 떨어진 거리인데 도로 사정이 워낙 좋지 않아 통행이 원활하지 못했고, 또한 가로등이 없어 조금만 거리가 어두워져도 안전 등의 문제로 이동이 불가능하였다.

도시의 이런 환경에서 전염병은 매우 쉽게 퍼졌다. 전파 속도가 좀 느리다 뿐 이 시대 전염병도 오늘날 코로나바이러스처럼 전 지구적이었다. 세계 2차 콜레라 대유행이 1832년 봄 파리를 덮쳤다. 약 6개월 동안 1만 8,500명의 사망자가 발생했는데, 이때 파리의 인구는 약 65만 명이었다. 특히 시청 부근 인구과밀 구역에서는 사망률이 평균의 두 배인 6%에 이를 정도였다. 1849년 3차 대유행 때도 인구밀집구역인 시테섬에서는 5%의 인구가 희생되었다.

노동자와 같은 하층민들뿐만 아니라, 부자와 귀족들도 전염병으로 많이 희생되었다. 이집트 상형문자를 처음으로 해독한 이집트 학자 샹폴리옹, 7월 혁명으로 퇴위당한 왕 샤를 10세, 그리고 나폴레옹 전쟁의 영웅 라마르크 장군 등이 이 콜레라 유행 기간에 사망하였던 것이다. 이런 사실은 당시 권력층에게 엄청나게 충격적인 사건이었다. 콜레라를 잘 몰랐지만 전염병은 누구도 피할 수 없는 것이고, 그것의 원인은 시궁창 같은 파리의 주거 환경이고, 그래서 파리를 근본적으로 개조해야 한다고 인식하게 되었던 것이다.

좁은 길과 높은 건물 때문에 공기가 순환되지 않으면 죽음과 질병을 품고 있는 '미아슴(miasme)'이라는 나쁜 가스가 흩어지지 못한다고 생각하였다. 부르주아들은 중심가를 떠나 파리 서북쪽의 넓은 교외지역으로 이주하기 시작하였다. 중심가의 슬럼화는 가속되었고 더 많은 노동자들이 파리의 중심가로 모이게 되었다. 숨을 쉴 수 없는, 역병이 창궐하는 도시가 파리였다.

파리개조사업과 오스만 양식

이런 상황을 잘 알고 있었던 사람이 제2 제정의 문을 연 나폴레옹 3세였다. 그는 먼저 1848년 2월 혁명으로 탄생한 제 2공화국의 대통령으로 당선된다. 1846년부터 2년 동안 런던에서 망명생활을 했던 그는 파리를 완전히 개조하리라 결심했다. 대규모 공원과 위생적인 상하수도가 잘 갖추어진, 산업혁명으로 놀랍게 변모한 현대도시 런던을 직접 경험할 수 있었기 때문이다. 1666년 런던 대화재 이후 산업혁명에 어울리게 새롭게 탄생한 도시, 18세기 초부터 차근차근 현대도시로 가꾸어진 런던을 그는 잔뜩 부러운 눈으로 관찰했던 것이다.

나폴레옹 3세가 생각한 새로운 파리는 한마디로 물과 공기, 그리고 사람과 물자가 자유롭게 흐를 수 있는 도시였다. 도시의 이런 기능적인 측면은 산업화에 꼭 필요한 도시의 조건이다. 그는 자본가들을 설득해서 파리개조사업에 참여하게 했다. 산업혁명으로 축적된 자본을 파리를 근본적으로 뜯어고치는 데 동원할 수 있던 것이다.

이전 정권에서도 파리개조의 필요성을 절실히 인식하고 있었다. 그러나 토지 수용과 보상 문제 등 여러 가지 반대에 부딪혀 실행에 이르지는 못했다. 왕당파가 장악한 의회를 해산하고 스스로 쿠데타를 일으켜 1851년 제2 제정의 황제가 된 나폴레옹 3세도 이를 잘 알고 있었다. 이런 문제를 해결하기 위해 그는 강력한 권력을 행사했다. 황제가 되어 가장 먼저 한 일은 파리개조사업을 위한 새로운 법과 규정을 만드는 일이었다. 국가가 주도적으로 도시계획을 세우고, 공공성과 사회보건의 이름으로 사유지와 건물을 국가가 손쉽게 수용할 수 있는 현실적이며 제도적인 기반을 마련했다.

이제 엄청난 규모의 사업을 지휘하여 이를 뚝심 있게 추진할 수 있는 사람이 필요했다. 강단 있는 사람으로 잘 알려진 오스만 남작이 파리지역 도지사에 딱 어울리는 사람이었다. 1853년 6월부터 오스만은 나폴레옹 3세가 그에게 맡긴 임무, 파리를 '환기하고, 통합하고, 아름답게 만드는 임무'를 시작한다. 두 사람의 협업은 매우 효과적이었다. 황제는 반대파들의 의견을 막아주었고 오스만은 자신의 처음 계획을 끝까지 밀어붙일 수 있었다.

오스만은 1853년에서 1870년까지 8만 명의 노동자를 동원해 2만 채의 건물을 허물고 그 두 배의 새 건물을 지었다. '건축과 시공 그 자체보다 기하학과 그래픽 디자인이 더 중요한 역할을 한다'고 강조했던 그는 언덕이나 작은 산을 깎아 길을 평평하게 만드는 작업도 함께 진행했다.

리볼리 가의 남쪽 프랑수와 미홍 가.
깎아내린 언덕 때문에 건물이 길보다 높다. / 위키피디아

언덕의 내리막길에서 정체가 발생하면 앞에 있는 마차를 뒤따르는 말이 추돌할 수 있어 위험했고, 멀리까지 쭉 뻗은 직선도로의 전망도 확보하기 위해서였다. 오페라 가의 물랭 언덕과 로쉬 언덕, 리볼리 가의 중간에 위치한 생 자끄탑 일대 구릉지대와 생 제르베 언덕이 그의 이런 신념이 적용된 지역이다.

1830년대 7월 왕정의 도지사 랑뷔토가 건설한 13m 넓이의 도로를 처음 봤을 때, 파리 시민들의 놀라움은 대단했다. 그런데 랑뷔토 가는 이제 아주 좁은 지선도로가 되어버렸다. 오스만이 새로 뚫은 도로들 모두 그 너비가 20m~30m로 넓었기 때문이다. 심지어 에투왈 광장의 포쉬 가는 인도를 포함하여 전체 너비가 120m에 이른다. 오스만이 건설한 도로는 오늘날에도 파리 전체 도로의 뼈대로 기능하고 있다.

오스만은 파리의 남북과 동서를 가로지르는 대로도 새로 건설하였다. 나폴레옹 3세 집권 초기의 강력한 권위주의 통치를 이용한 대규모 토목공사였다. 특히 1855년 파리에서 개최될 세계박람회는 1회 런던 박람회를 이은 2회 박람회였다. 망명시절부터 현대도시 런던에 질투를 느끼고 있었던 황제는 세계박람회를 새로운 파리의 모습을 자랑하는 기회로 삼았다. 이런 황제의 의도와 맞물려 파리의 초기 건설공사는 엄청난 속도로 진행되었다.

뚜렷한 예가 리볼리 가 건설이다. 초대형 가스랜턴을 높이 밝히고 밤을 새워 공사를 진행했던 것이다. 박람회 때 전 세계 사람들이 3km나 직선으로 쭉 뻗은 리볼리 가를 보고, 또한 거리와 함께 나란한 건물들과 그 스카이라인을 보고 감탄을 금치 못한 것은 당연한 일이었다.

리볼리 가

나폴레옹 3세와 오스만은 파리를 호화로운 건축물로 장식하기도 했다. 이 시기 발타르의 지휘로 7월 왕정의 랑뷔토가 계획했던 파리도매시장 레알 10개 동의 철골건물을 완성했다. 시테섬의 낡은 건물들을 헐어내고 노트르담 성당의 광장을 넓혔으며, 시립병원인 호텔 디유(Hôtel Dieu)를 이전, 확장했다. 파리 경찰청 등의 새로운 대형 건축물들을 신축하면서 시테섬 전체의 풍경을 완전히 바꾸었다.

새로 만든 역의 건물들을 비롯하여 기존의 12개 행정구역을 전면 개편하여 20개 행정구역으로 확장했다. 이 과정에서 각 구역의 구청들 또한 화려한 건물로 지었고, 그중 많은 건물들이 오늘날에는 문화재로 등록되어 있다. 에투왈 광장을 만들었던 이토르프의 작품인 1구 구청을 보면 오늘날 모두가 문화유산이어도 무방할 그런 건축물임을 알 수 있다.

그중에는 나폴레옹 3세를 위해 특별히 지은 오페라 극장, 샤를 가르니에의 작품인 파리 국립오페라 '오페라 가르니에'도 있다. 절충주의[éclectisme] 건축의 대표적인 건축물로서 19세기 프랑스 건축의 걸작으로 꼽힌다. 샤틀레 광장을 마주보며 센 강가에 서있는 파리시 극장 건물도 인상적인 쌍둥이 건축물이다. 이 기간 파리는 성삼위일체 성당 등 모두 네 개의 큰 성당을 건축하는 것도 잊지 않았다. 의미 있는 것은 파리의 거리뿐만 아니라 이때 지은 중심가의 이런 주요 건물들이 오늘날 여전히 우리가 보는 파리의 모습이라는 사실이다.

파리개조사업에서 특히 깨끗한 물 공급과 원활한 배수는 중요한 과제였다. 파리 지역의 공장들과 150만 명의 인구가 쏟아내는 하수로 인해 1860년대에는 센강 자체도 오염되었기 때문이다. 오스만은 뛰어난 도시 설계자였다. 도심을 관통하는 도로를 뚫으면서 지하에 상수도와 하수도라는, 대도시의 동맥과 정맥이라는 혈관을 동시에 건설한 것이다. 요즘의 현대도시에서 말하는 공동구인데, 이런 시스템이 아주 짧은 시간에 파리를 현대적이며 위생적인 도시로 변모시킬 수 있었다.

파리개조사업 18년 동안 오스만은 4만 채의 건물을 지었고, 64km의 길을 새로 닦았으며, 새로 놓거나 넓이를 확장한 다리가 아홉이며, 70개의 도로를 새롭게 뚫었다. 12m이던 기존의 도로가 평균 24m로 넓어졌다. 600km의 상수도와 585km의 하수도를 건설했으며, 공원 등 2만ha의 녹지를 조성했고, 8만 그루의 나무를 심었다.

오늘날 우리가 보는 파리는 나폴레옹 3세와 오스만이 완성한 이와 같은 파리개조사업의 결과이다. 이를 통해 파리를 근대의 절정에 이른 도시로 변모시켰다. 이런 변모가 구체적으로 표현된 것이 오스만 양식이다. 파리라는 도시의 근대가 함의하는 많은 의미를 파리개조사업과 오스만 양식이 잘 구현한 것이다.

3)

오스만 양식의 미학

건축물을 짓는 것도 중요했지만 오스만이 특히 관심을 가진 분야는 다른 데 있었다. 건축물들이 거리와 함께 만들어 낼 수 있는 파리의 전체적인 전망이 오스만에게는 더 중요한 요소였다. 그러니까 어떤 넓은 큰 길, 대로가 끝나는 곳이 직선 상태에서 끝나는 것이 아니라 다른 대로와 만날 때, 그 교차점에는 무언가 눈에 띄는 기념물이 있어야 한다. 대로가 닫히는 곳에는 그냥 밋밋한 건물이 아니라 성당, 돔, 기차역과 같은 대형 건축물이나 기념탑, 기마동상 등과 같이 그 대로의 기준점이 될 만한 눈에 띄는 어떤 기념 조형물이 있어야 한다는 것이었다.

12구 리용 가의 경우 동쪽 끝으로는 리용 역의 시계탑이, 서쪽 끝으로는 바스티유 광장의 7월 기념탑이 대로의 경계를 말하고 있다. 양쪽 방향에 있는 분명한 기준점들이 이 대로가 어떤 곳인지를 분명히 드러내 준다. 예를 들어 파리 1구 빅투아르 광장 가운데에는 루이 14세의 기마

동상이 있다. 이 광장으로 통하는 모든 도로인 라 쀠이야
드 가, 아부키르 가, 에티엔 마르셀 가, 데쁘띠생 가 그 어
디로든 들어서면 이 도로들이 모이는 교차로인 저 끝에
보이는 루이 14세의 동상이 기준점이 될 것이 분명하다.

이처럼 스트라스부르 대로의 끝을 닫고 있는 기념물은
파리 동부 역이다. 다른 대로와 달리 오페라 가에는 가로
수가 없어서 파리 오페라좌인 오페라 가르니에가 더욱
잘 드러나고 있다.

오페라 가와 오페라 가르니에

말제르브 대로에 있는 생 오귀스탱 성당도, 리볼리 가
와 맞닿은 피라미드 가의 잔 다르크 동상도, 쑤플로 가를
닫고 있는 팡테옹도, 모두 이런 기준점 기능을 하고 있음
이 분명하다.

파라미드 가와 잔다르크의 동상

오스만은 대로의 끝에 배치한 이런 기준점 기념물과 건축물에 대해 대단한 자부심을 가지고 있었음이 틀림없다. 대로를 개통할 때 그는 항상 그 입구에 무대처럼 커다란 커튼을 설치했다. 여러 유명 인사들이 개통 테이프를 자를 때까지 대로와 그 끝의 기념물을 가리기 위해서였다. 커튼을 한순간에 걷어내 도로와 기념물을 극적인 방식으로 깜짝 공개하고 싶었다.

그런데 도로와 기념물의 위치와 각도에 따라서 이런 기념물을 만들 수 없는 경우가 있었다. 세바스토폴 대로가 그랬다. 이 대로는 시테섬을 지나면서 센강 남쪽인 좌안의 생 미셸 대로와 만나는, 파리의 남북을 가로지르는 길이다. 이 세바스토폴 대로가 닫히는 지점은 샤틀레 광장 바로 앞 센강이다. 센강에서 멈추는 이 대로의 끝에는 눈에 띄는 아무런 기념물이 없었던 것이다.

이 빈 공간을 채우기 위해 오스만은 당시 새로 짓고 있었던 센강 건너 파리상업법원 건물의 돔 위치를 옮긴다. 건물과의 조화를 생각하면 돔의 위치는 당연히 건물의 중앙에 있어야 했다. 대로와의 조화를 우선한 오스만은 건물 중앙에 있던 돔을 오른쪽 끝으로 옮기게 한 것이다. 건물과 돔이 비대칭적이어서 건물 자체의 아름다움은 제대로 살아나지 못했다. 그러나 세바스토폴 거리에서 보면 저 끝에 돔이 우뚝 솟아있는 풍경이 연출된다. 파리의 조화로운, 전체적인 경관을 위한 오스만의 열정이 대단했음을 알 수 있는 대목이다.

세바스토폴 대로에서 센 강 쪽으로 본 전경 / 위키피디아

그런데 거리를 걷는 사람들의 입장에서 생각해 보면 이는 단순히 도로와의 조화라는 미학적인 의도만을 위한 것이 아님을 알 수 있다. 만약 내가 이런 거리를 걷고 있다면 이 기준점을 통해 나는 내가 어떤 거리를 걷고 있는지를 무의식적으로 인식할 수밖에 없다. 그러니까 내가 어떤 거리를 걷고 있을 때, 그 거리의 기준점 기념물은 나의 현재 위치를 나로 하여금 항상 느끼게 만든다는 것이다.

중요한 것은 그 기준점이 무엇이냐는 것이다. 대부분의 기준점들은 기마상으로 표현된 역사의 위대한 위인들, 성당과 같은 종교 건축물 혹은 역사·문화적 기념탑, 팡테옹 같은 사회·역사·문화적 상징성을 가진 건축물, 그리고 큰 기차역과 상업법원건물 같은 산업혁명 시대의 상징적인 대형 건축물이다. 그러니까 파리의 대로들은 여러 사회적 가치를 표방하는 다양한 상징물들을 통해 그 거리를 걷는 사람들에게 항상 어떤 사회·문화·정치적 메시지를 발신한다고 볼 수 있다. 도로와 건축 자체가 파리의 공동 가치를 표방하는 역할을 한다. 파리의 사회·문화적 메시지를 시민들에게 확인시키며 공유하는, 오스만이 의도한 일종의 사회적이며 교육적인 장치라고도 해석할 수 있을 것이다.

나폴레옹 3세와 오스만 남작이 이끈 파리개조사업,

150년 전의 파리의 이런 거리와 건축, 이들이 지금 우리가 보는 거리와 건축 꼭 그대로라는 사실! 이 자체가 오스만 양식의 위대함이다.

4)

파리개조사업, 비판과 의의

　그러나 이 과정에서 57개의 옛길과 2천 227채의 옛 건물들이 사라졌다. 중세 이후 르네상스와 고전주의 시대에 지어진 건물들을 보존하지 못했던 것이다. 현실적 필요를 위해 옛 파리의 영혼을 존중하지 않았다고 비판할 수 있다. 옛 파리를 떠올리는 오래된 건물들은 이 사업을 피해간 마레 지구와 보주 광장 일원에 보존되어 있다.

마레 구역에 남아있는 중세 건물

나머지는 여기저기에 흩어져 극히 일부가 남아있을 뿐이다. 또한 이 기간 동안 2만 5천여 명의 노동자를 비롯한 하층민들이 파리 중심가에서 밀려나 몽마르트르와 같은 저 멀리 교외로 강제 이주 당하였다. 카르나발레 박물관은 이런 파리의 역사를 잘 보여주고 있다.

주거 · 교통 · 위생을 핑계로 도로를 직선으로 넓힌 것도 시민들의 시위를 조기에 진압하기 위한 것이라는 비판이 있었다. 직선의 넓은 도로에서는 시위 군중의 동태를 쉽게 파악할 수 있고, 병력이 쉽게 이동할 수 있다. 또한 시위 군중이 바리게이트를 치더라도 대포를 사용할 수 있기 때문에 조기진압이 쉽다는 것이다. 오스만 이전에 대부분 완성되었지만, 예를 들어 에투알 광장의 개선문 위에 대포 하나만 설치하면 샹젤리제 거리를 포함하여 광장으로 통하는 12개 거리의 시위를 한 번에 쉽게 통제할 수 있다.

생마르탱 운하를 복개하여 리샤르 르느와르 대로로 만든 것, 나씨옹 광장과 레퓌블릭 광장을 연결하는 볼테르 대로를 뚫은 것을 이런 관점에서 보기도 한다. 바스티유가 있는 파리 동쪽의 잦았던 민중 봉기를 막으려면 군대가 생마르탱 운하를 건너 동쪽으로 진입해야 했다. 시위대가 운하의 다리만 막으면 동쪽은 흔히 해방구가 되곤 했다. 시위진압을 위한 군대가 쉽게 운하를 건너기 위해

아예 운하를 복개해서 도로로 만들어 버렸다고 비판한 것이다.

일부분 그런 측면도 있다. 그러나 오스만은 자신이 일하는 동안 경찰청장의 권력을 많이 축소시켰다. 상대적으로 늘어난 도지사의 권력은 확장된 파리 경계지역의 위생, 조명, 거리청소에 투입하였다. 따라서 이런 비판은 크게 설득력을 얻지 못하고 있다.

어떤 건축가들은 오스만 양식의 도로와 건물들이 숨이 막히도록 단조롭다고 비판한다. 동일한 판박이 건물들이 파리의 모든 거리를 감싸면서 무한 반복된다는 것이다.

무한 반복 건물 / 위키피디아

개성이 사라진 근대의 특성인 익명성이 거리와 건축에 그대로 투영된 것이라 해석할 수도 있다. 이는 건물의 건축가는 제각각 다르지만 건물의 높이, 장식의 정도와 종류 등에 관한 표준 모델과 세부 지침을 마련해서 그 범위 안에서 선택하도록 한 결과이다.

그러나 다듬은 석재 정면과 다양한 장식 부조들, 그리고 연속된 발코니가 오스만 양식 건물과 거리의 전망을 더욱 강조한다. 건물 5층을 조금 안으로 들여서 올리고, 6층 다락방의 지붕 경사를 45°로 기울게 규정한 것은 도로에 가능하면 햇빛이 더 많이 비치도록 하기 위한 것이었다. 북위 49°에 위치한 파리에, 특히 해가 짧은 파리의 겨울 거리에, 하늘을 좀 더 열어주려는 건축적 배려였다.

하늘 열기 위한 건축적 배려 / 위키피디아

이런 결과 한 거리의 건물들은, 세부적으로 조금씩은 다른 부분이 있지만, 전체적으로 뛰어난 통일성을 보여

주고 있다. 건물 각각이 '작은 섬들[des îlots]'처럼 독립된 공
간을 구성함으로써 내부에 폐쇄된 정원을 형성하는 것이
특징이다.

'작은 섬들'des ilots / 위키피디아

이런 구성을 통해 공기와 햇빛을 더 많이 접할 수 있
고, 또한 길거리의 소음을 차단하는 효과도 얻을 수 있
다. 이런 건물들을 공중에서 보면 마치 하나하나의 성채
들이 밀집해 있는 것처럼 보인다. 파리라는 도시의 건축
이 가진 오스만 양식의 특징이다.

오스만 양식의 건물을 좀 더 자세히 보면 각 층별로 그
높이가 동일하지 않음을 알 수 있다. 우선 유럽의 건물
층에 관한 명칭을 보면 우리의 1층은 지상층, 그러니까 0
층이다. 우리의 2층이 1층이다. 유럽에서는 건물의 층수

를 이런 방식으로 부른다. 계단이나 승강기에 0층, 1층, 2층… 이렇게 0층부터 표기되어 있다.

　0층인 지상층과 긴 테라스가 있는 2층 사이에 낮은 층이 하나 끼어 있다. 사이층 혹은 중이층이라고 부른다. 건물 전체가 구성하고 있는 층별 높이의 차이가 크다. 지상층은 보통 5m, 중이층은 2.8m 정도, 2층은 4m 내외, 3층과 4층은 2층보다 좀 낮은 3.6m 내외, 그리고 5층은 이보다 더 낮고, 맨 꼭대기 층인 6층은 지붕 밑 다락방 층이다. 도로가 아주 좁은 경우를 제외하고, 대체로 도로의 너비에 건물의 높이가 정비례하기 때문에 건물의 높이는 도로의 너비인 20에서 30m 사이가 된다. 그런데 왜 이렇게 각각의 층 높이가 다를까?

각 층별 높이가 다른 전형적인 오스만 양식 건물

지상층은 대부분 상점을 위한 상업용이다. 오스만 양식의 도로변이니 상업 지역이고, 상점이나 사무실이 가장 중요한 용도라는 것이다. 중이층은 지상 층을 보조하는 층이다. 상점의 창고로 쓰이거나 제품을 수선, 혹은 만드는 곳으로 쓰인다. 이제 2층은 부르주아 계급이 사는 층이다. 상점의 주인이 사는 층인데 천장이 가장 높다. 승강기가 없었던 때임을 감안하면 2층은 안전과 생활의 편리함이 동시에 가능하며, 무엇보다도 천장이 높아 샹들리에를 달 수 있다. 이 말은 옛날 왕족이나 귀족처럼 집에서 파티를 열 수 있다는 뜻이다. 실내 구조도 복도가 없는 방들로 연결되어 있다. 마치 어떤 성의 내부를 그대로 옮겨 놓은 듯 한 그런 구조이다. 루브르 박물관 같은 옛 성이나 대저택을 떠올려 보자. 복도는 없고 어떤 한 방에서 문을 통해 다른 방으로, 또 저쪽 다른 문을 통해 또 다른 방으로, 이렇게 계속 연결되어 있는 그런 구조이다.

이제 3, 4, 5층은 상점의 중요 직원, 공무원, 봉급생활자와 같은 쁘띠 부르주아 계급의 주거공간이다. 마지막 6층은 하녀 방 층이라고도 부르듯, 상점에서 하급 직원으로 일하거나 2층을 비롯한 3, 4, 5층에 있는 집에서 하인으로 일하는 사람들의 공간이다. 이처럼 오스만 건물의 각 층 높이는 각 층의 사용 목적과 기능을 그대로 드러내고 있다. 자본주의 사회의 계급 구성이 건물 건축에 그대로 투영되었다.

그러나 파리개조사업이 끝나자 한 건물에 모든 계급이 어울려 사는 나름 조화로운 모습도 사라지고 말았다. 높은 임대료 때문에 쁘띠 부르주아와 노동자 계급이 더이상 파리 시내에서 살기 어려워진 것이다. 파리 시내의 오스만 건축, 작은 섬 건축물은 근대 자본주의 사회의 부르주아 계급을 위한 새로운 성채가 되었다고 할 수 있다.

구체제[Ancien Régime] 시대에는 교권과 왕권에 바탕을 둔 귀족계급이 총과 칼을 무기로, 왕정이라는 정치체제로, 기독교를 이념으로 프랑스 사회를 유지하였다. 그러나 대혁명과 산업혁명을 거치면서 귀족계급을 몰아낸 부르주아 계급이 프랑스 사회의 실질적인 주도세력이 되었다. 이 새로운 계급이 지식과 기술을 무기로, 민주주의라는 정치체제로, 자본주의를 이념으로 프랑스 사회체제의 근본적인 구조와 성격을 바꾼 것이다. 이런 부르주아 계급이 파리개조사업을 통해 쌓아 올린 오스만 양식의 거리와 건물이 바로 근대도시 파리의 빛나는 성채이다.

이런 파리는 1870년 프랑스-프로이센 전쟁과 이로 말미암은 파리코뮌에 휩싸인다. 파리가 근대에 겪은 가장 쓰린 아픔과 깊은 슬픔이었다. 그러나 파리는 이 상처를 보듬으며 시민들의 가난과 목마름과 아픔과 슬픔을 달래주는 사랑과 치유를 새겨나간다. 근대도시 파리가 새긴 치유와 사랑의 메시지를 몽마르트르 언덕, 사크레쾨르 대성당 그리고 왈라스 샘에서 읽을 수 있다.

2.

파리, 전쟁과 분열의 상처를 보듬다

societas

Collectio Humanitatis pro Sanatione XII

사랑과 예술의 도시, 낭만과 자유의 도시 파리⋯. 이는 파리의 오늘날 이름일 뿐이다. 이런 아름다운 수식어의 옷을 입기까지 파리는 많은 우여곡절을 겪었다. 근대 이후, 그러니까 대혁명 이후 산업혁명이 본격화된 19세기의 파리는 사회정치적으로 격변의 시대였다. 공화정, 왕정, 제정이라는 세 가지 정체체제, 인류가 발명한 모든 정치체제가 대혁명 이후 약 80년 동안 서로가 서로를 밀쳐내며 여덟 번 교체되었다. 산업혁명과 초기자본주의의 폐해도 민낯을 그대로 드러내었던 가혹한 시대였다.

혼돈과 혼란의 시대, 최대의 피해자는 언제나 서민과 민중이다. 이런 혼란의 정점이 '프로이센−프랑스 전쟁[guerre franco-allemande de, 1870-1871]'이며, 이로 인한 파리의 분열과 대립과 흘린 피와 상처가 '파리코뮌(Commune de Paris)'이다. 이들을 극복하고 서민의 아픔과 상처를 감싸준 파리의 따뜻함이 사크레쾨르 대성당과 왈라스 샘에 새겨져 있다.

사크레쾨르 대성당(La basilique du Sacré-Coeur)이 자리한 몽마르트르 언덕은 고대부터 이미 종교적인 치유의 장소였다. 그리고 전쟁과 분열의 비극이 파리를 엄습하기 전 이미 파리개조사업이 쫓아낸 서민들의 안식처였다. 또한 라보엠의 본거지가 된 몽마르트르 언덕은 가난한 청년 예술가 지망생들이 그들의 꿈을 꽃피울 수 있었던 사랑과 치유의 장소였다.

몽마르트르, 빈민과 청년 예술가들의 둥지

몽마르트르 언덕과 사크레쾨르 대성당 / 위키피디아

오스만과 나폴레옹 3세가 파리를 대대적으로 개조하는 과정에서 많은 노동자들과 하층민들이 파리 도심을 떠나야 했다. 도심 재개발 때문에 서민들이 자신의 터전에서 쫓겨났다. 그들이 이주한 대표적인 곳이 바로 몽마르트르였다. 이유가 있다. 이 시절에는 파리로 유입되는 모든 물자에 대해 세금을 걷었다. 1860년 파리로 편입되기 전까지 몽마르트르는 파리에 가장 인접한 경계였고, 그래서 집세나 물가가 파리보다 훨씬 저렴했기 때문이었다.

19세기 초반까지 이곳에는 농사꾼들과 방아꾼들이 살았는데, 주말이 되면 카바레나 선술집을 함께 운영하고 있었다. 몽마르트르에는 또한 석회석을 캐던 광산이 있었기 때문에 광부들도 살고 있었다. 여기서 캔 석회석을 파리로 옮길 때 석회석 가루가 날려 이 일대가 모두 하얀색이었다. 그래서 지금도 몽마르트르 서남쪽 입구의 광장은 '하얀 광장[place blanche]', 그곳의 전철역은 '하얀 역[station blanche]'으로 불린다.

이처럼 농사짓고 풍차로 방아 찧던 광산촌 몽마르트르, 주말이면 카바레와 선술집에 노동자들이 흥청거리던 몽마르트르, 파리의 범죄자들과 부랑자들이 숨어들기 쉬웠던 이 동네의 평판은 좋지 않았다. 그러나 집세와 물가, 특히 술값이 싼 동네여서 서민들이 살기 좋았다. 물랭루즈(Moulin rouge)나 피갈(Pigalle) 같은 카바레가 이런 술집의 면모를 오늘날까지 잘 보여주고 있다.

파리에 바로 인접해 있고 물가가 싼 까닭에 파리개조 사업이 시작된 1853년 이후 많은 노동자들과 근로자들, 하층민들이 몽마르트르로 이주해왔다. 1840년대에 8천 명이던 이곳 인구가 1860년에 이미 3만 8천 명으로 늘어난다. 여기에 19세기 후반부터 파리의 예술이 세계적으로 로 명성을 얻게 됨에 따라서, 프랑스를 비롯한 전 세계에서 가난한 예술가들이 파리로 왔고, 몽마르트르가 그들의 보금자리가 되었다.

이렇게 예술가들이 파리로 모여든 까닭은 무엇일까. 1853년부터 개조사업을 시작한 파리는 위생과 보건이 많이 개선되었다. 유럽의 다른 대도시에 툭하면 창궐했던 콜레라나 페스트가 이 시기 파리에는 없었다. 많은 사람들과 자본이 위생적으로 안전한 파리로 모여들었고 도시 서민들의 삶의 질 또한 많이 개선되었다.

게다가 1855년 파리가 개최한 세계박람회[공식 명칭은 1855년 파리 농산품 공업 미술 세계 박람회(Exposition Universelle des produits de l'Agriculture, de l'Industrie et des Beaux-Arts de Paris 1855)]에서 별달리 자랑할 것이 없었던 프랑스는 와인과 미술품, 특히 회화와 조각 작품을 중심으로 전시실을 꾸몄다. 세계가 파리의 예술을 만날 수 있었고 파리는 예술의 도시로 세계인에게 각인되었다. 가난한 화가, 예술가 지망생들은 파리가 필요했고, 파리에 살기 위해 생활비가 싼 몽마르트르에 둥지를 마련하였다.

오늘날 볼 수 있는 좁은 골목과 계단, 낡은 건물들과 오래된 선술집, 테르트르 광장의 길거리 화가들 모습이 당연해 보이는 몽마르트르의 모습이 이렇게 탄생하였다.

훗날 세계적으로 이름을 떨친 예술가들이 지독하게 가난했던 젊은 시절을 몽마르트르에서 보냈다. 귀에 익은 이름이 많다. 베를리오즈, 아르투르 루빈스타인, 에릭 사티 등 음악가가 있고, 작가로는 막스 자콥, 자크 프레베르, 피에르 르베르디 등을 들 수 있겠다. 특히 화가가 많이 살아서 몽마르트르를 회화의 성지라고 불렀는데, 라울 뒤피, 피사로, 툴루즈 로트렉, 반고흐, 쉬잔 발라동, 위트릴로, 르느아르, 피카소, 모딜리아니, 조르즈 브락 등. 몽마르트르에 살지는 않았지만 헤밍웨이, 스콧 피처제럴드, 드가, 르느와르 등, 훗날 세계적인 예술가가 된 이들이 가난했던 젊은 시절, 몽마르트르를 무대로 많은 활동을 했다. 영화 〈미드나잇 인 파리Midnight in Paris〉에 아주 실감나게 묘사된 20세기 초의 몽마르트르가 이런 분위기를 잘 그리고 있다.

몽마르트르가 이 시절 길러낸 대표적인 예술가라면 화가 쉬잔 발라동(Suzanne Valadon)이 아닐까. 가난한 세탁부의 사생아로 태어난 쉬잔은 어릴 때부터 곡마단에서 일했다. 어느날 줄에서 떨어져 곡마단을 떠나야 했던 열네 살 소녀는 한 친구를 따라 몽마르트르로 갔고, 여러 유명화가들의 모델이 된다.

모델 쉬잔 발라동 술꾼, 툴루즈 로트렉 부지발의 무도회, 르느와르

이 시대에 어떤 화가의 모델이 된다는 것은 그 화가의 정부가 된다는 의미였다. 그러나 샤반느, 르느와르, 로트렉의 모델로 활동하면서 어깨너머로 그림을 독학하는 쉬잔! 마침내 맘씨 좋은 아저씨 로트렉이 은근슬쩍 추천한 쉬잔을 드가는 눈여겨보았다. 드가의 맑고도 끈끈한, 지속적인 후원을 받아 화가가 된 쉬잔은 나중에 살롱도톤(Salon d'Automne)회원으로 선출될 정도로 명성도 얻었다. 피카소와 조르주 브락 같은 거장들이 임종을 지켜준 쉬잔 발라동의 일대기는 19세기 말 20세기 초 몽마르트르의 예술적 분위기를 생생하게 전해 준다.

이 시절 몽마르트르는 흔히 라보엠(la bohème)의 본거지라고 알려졌다. '보엠'이라는 말 자체는 이탈리아어로 보헤미아 사람을 뜻한다. 유럽 전역을 떠돌아다닌 집시들이 주로 보헤미아 사람들이었기 때문이다. 남루한 옷차

림과 정처 없이 떠도는 삶이 바깥에서 볼 수 있는 그들의 특징이다. 이런 삶은 전통이나 관습에 얽매이지 않고 자유롭게 사유하는 예술가처럼 살아가는, 한마디로 현실에서도 사유에서도 방랑적인 삶을 의미하였다. 가난하지만 내일을 걱정하지 않고 오늘을 살아갔던 19세기 중반 낭만주의적 삶의 방식을 라보엠이라고 부르기 시작하면서 이는 일반적인 개념으로 사용되기 시작했다. 파리의 라틴가를 배경으로 한 푸치니의 오페라 '라보엠'은 당시 보엠의 분위기를 잘 담고 있다.

19세기 전반을 배경으로 깔면 라보엠이라는 개념이 보편화 된 까닭을 더 잘 알 수 있다. 프랑스에서 공교육은 나폴레옹 1세가 권력을 잡고 난 후 시작되었다. 많은 사람들이 공부를 할 수 있었고 그래서 누구나 높은 이상을 꿈꿀 수 있었다. 그러나 이상과 달리 현실은 여전히 힘들고 어려운 것이 대부분이었다. 정신 수준은 높아졌는데 어렵고 막막한 현실 속에서 그 정신 수준에 맞추어 살 수 없는 사람들이 많았다는 것이다. 예술과 문화가 절정에 달했던 사회에서 정신적·문화적 수준은 높았지만, 현실에서는 지독히 가난했던 청년들의 이름이 바로 라보엠이었다.

예술적 분위기와 가난한 예술가들의 보헤미안적 삶, 그리고 세월이 흘러 관광지로 변해버린 무상한 몽마르트르를 물씬한 시적 서정과 함께 압축적인 노랫말로 표현한 샹송이 있다. 샤를 아즈나부르(Charles Aznavour)가 1960년대 중반 '라보엠'이라는 타이틀로 발표한 곡이다. 아주 프랑스적인 샹송, 파리에 관한 샹송으로서 유럽의 여러 언어로 잘 알려진 노래다. 이 노래의 노랫말에서 이 시절 몽마르트르의 분위기를 엿볼 수 있다.

오래전부터 이미 이 언덕을 몽마르트르라고 불렀다. 언덕 위에 있는 지금의 사크레쾨르 대성당이 아니더라도 몽마르트르라는 이름 자체가 애초 신, 그리고 종교적 사건과 관련 있다. 갈로로만 시대'에 이미 센 강을 중심으로 배를 타고 상업을 했던 파리사람들을 위한 머큐리[헤르메스] 신전이 있었다. 또한 잦은 외적의 침입으로부터 자신들을 지켜줄 전쟁의 신 마르스[아레스]의 신전도 있었다. 그래서 몽마르트르(Montmartre)라는 이름은 전쟁의 신인 '마르스(Mars)의 산', 즉 '몽 드 마르스(Mont de Mars)'에서 유래한다는 설이 있다.

또한 3세기 후반 이 언덕에서 최초의 파리 주교였던 '파리의 디오니시우스' 그러니까 파리의 성인 드니[Denis de Paris]가 순교함으로써 몽마르트르가 되었다는 설도 있다. 라틴어로 '순교자들의 산'을 의미하는 몽 마르티룸(Mons

---

1   갈로로만 시대는 기원 전 58년 카이사르의 갈리아 정복부터 476년 서로마 제국이 몰락한 시기를 칭하는 용어이다.

Martyrum)이 순교를 뜻하는 옛 프랑스어 마르티르(martyre)로 대체되어 '몽마르티르' 즉 지금의 '몽마르트르'로 불리게 되었다는 것이다. 이교도의 신전 이름을 가톨릭이 순교 개념으로 대체했다고 추정할 수 있겠지만 아무튼 '몽마르트르'의 어원으로 볼 수 있는 두 가지 설 모두 당시의 파리 사람들을 보듬어 주었던 종교와 관련이 있음을 보여준다.

성심성당, 파리코뮌의 아픔을 담다

사크레쾨르 대성당 / 위키피디아

몽마르트르 언덕에 19세기 후반 거대한 가톨릭 성당이
건립된다. '바질리크 사크레 쾨르 드 몽마르트르(basilique
du Sacre-Cœur de Montmartre)' 그러니까 '몽마르트르의 성심 대
성당'이라는 다소 긴 이름의 성당이다.[2] 여기서 사크레쾨

---

2   가톨릭에는 네 종류의 교회가 있다. 성당, 카테드랄, 바질리크 그리고 사펠이다.
    신도들이 모여서 종교 활동을 하는 기본적인 기관인 교회가 성당이다. 규모가 좀 크
    건 작건 흔히 보는 가톨릭 종교건축물을 성당, 에글리즈 église라고 한다. 어원을 보

르(Sacré-Coeur, 성심聖心)는 예수의 '거룩한 심장', 예수의 마음, 즉 사랑을 의미한다. 그런데 이 성당의 또 다른 이름은 하나님에 대한 '국가적 서원 대성당(basilique du Sacré-Cœur du Vœu national)'이다. '국가적 서원'이라는 이름에서 이 성당이 프랑스 전체의 어떤 중요한 일과 연관성이 있다고 유추할 수 있다.

프랑스-프로이센 전쟁에서 프로이센에게 그야말로 처참하게 패배한 프랑스가 패전의 상처를 수습하는 과정에서 이 성당을 건립하기로 결정하였다. 1873년 프랑스 의회가 '국가적 차원'에서 성당 건립에 관한 법률을 '사회적

면 '모인다' '집합한다'라는 의미가 있다.

까떼드랄cathédrale은 교구를 이끌어 가는 주교인 성직자 까떼드르cathèdre의 성당, 주교의 자리가 있는 주교좌성당이다. 이 성당은 지역 전체를 대표하기에 외형적인 규모가 더 크고 또 여러 가지 행사나 사회와의 관계가 더 밀접하다. 흔히 대성당이라 부른다. 파리의 노트르담 대성당이 카떼드랄이다.

바질리크basilique라고 부르는 성당은 기념할만한 어떤 가치가 있는 성당이거나, 기독교적 신비가 발생한 것을 인정받은 성당, 혹은 특별하게 숭배하는 특정 성인을 모시는 성당 등, 교황이 바질리크라는 이름을 쓰도록 허락한, 좀 특권적인 성당이다. 이런 특성 때문에 주교좌성당을 제외하고는 다른 일반 성당에 비해 순례나 성유물 전시 등 종교 행사에서 우선권을 가진다. 이 또한 대성당이라 부른다. 바질리크 성당에서 바질리크 혹은 바실리카라는 말은 고대 가톨릭교회 건축양식인 바실리카와 흔히 혼동할 수 있다.

샤펠에는 두 가지 종류가 있다. 먼저 샤펠chappelle이라 부르는 독립된 작은 예배장소이다. 왕궁이나 성채, 병원이나 학교 같은 특정 장소 안에 그와 관련된 신도들을 대상으로 하는 조그만 성당, 부속 성당을 말한다. 예를 들어 시테섬의 생트 샤펠은 옛날 왕궁 안에 있던 부속성당을 의미한다.

샤펠이라 부르는 또 다른 경우는 보통 성당 혹은 대성당 내부의 측랑이나 후진, 그러니까 성당의 주제단과 성당 입구 사이의 중앙 회랑, 그 양쪽 옆면이나 제단 뒷면에 특정 성인이나 성녀 등을 위한 조그만 기도 장소들이 쭉 이어서 배열된 것을 볼 수 있다. 이 장소 또한 샤펠이라 부른다. 성당 안에 있는 작은 예배장소이다. 영어 채플chapel도 이와 같은 두 가지 의미를 지칭한다.

공익성'을 이유로 의결한 배경이 있다. 당시 가톨릭계에서 시작된 신성 재충전 운동이 그 하나이다. 또 다른 하나는 전쟁 이후 서민들이 뭉쳐 프랑스 정부에 반기를 든 파리코뮌을 비판적으로 보면서 새로운 '도덕 질서' 확립을 기치로 내세웠던, 아주 보수적인 정치적 경향이 그것이다. 성당을 세우게 된 계기와 목적을 이해하려면 프로이센-프랑스 전쟁과 이 전쟁에서 비롯된 파리코뮌을 먼저 살펴보아야 한다.

프랑스-프러시아 전쟁과 파리코뮌

1875년 공사를 시작하여 1923년에 공식적으로 대성당 전체가 완공되었다. 파리에서 가장 높은 해발 130m의 몽마르트르 언덕에 높게 솟아 있고, 돔의 높이가 83m에 이르러 파리 전역에서 잘 보인다. 시테섬에 있는 노트르담 성당에 이어 두 번째로 방문객이 많은 종교 시설물인데, 순례자와 함께 1천 1백만 명이 매년 이 대성당을 찾고 있다. 그런데 성당이 자리한 몽마르트르 언덕이 프랑스 근대사에서 가장 불행한 사건이 일어난 비극적인 장소였음을 기억하는 사람들은 드물다. 바로 여기서 파리코뮌이 시작된 것이다.

1789년 대혁명 이후의 프랑스 정치체제는 역설적이게

도 거의 모두 독재 체제였다. 공화주의나 민주주의 체제는 대혁명 직후인 제1 공화정과 혁명정부, 그리고 나폴레옹 3세의 제2 제정이 시작되기 전이었던 제2 공화정 초기 몇 달이 전부이다. 게다가 제2 제정 후반기인 1860년부터 프랑스의 경제는 심하게 위축되었고, 하층민들의 삶은 비참했다. 하루 열 한 시간 이상 일을 해도 노동자 절반 이상이 절대빈곤 수준에서 살아간다고 당시 파리지역 도지사였던 오스만 남작은 기록하고 있다. 대혁명 이후 여러 차례 혁명이 이어졌지만, 제3 계급에게는 정치나 경제 모두 여전히 힘겨운 상황이 계속되고 있었다.

이런 상황에서 숙부인 보나파르트 나폴레옹의 이름 덕에 대통령에 당선된 나폴레옹 3세는 친위 쿠데타를 일으켜 황제가 되었다. 제2 제정의 출발과 함께 시작한 파리 개조사업 이외에 다른 여러 정책들은 크게 실패했다. 그럼에도 당시 유럽의 새로운 강자로 떠오른 비스마르크의 프러시아를 견제하고자 나폴레옹 3세는 자존심 하나로 무리한 전쟁을 벌였다. 전쟁 시작 두 달이 지나기 전에 스당 전투에서 참패하였고, 프랑스의 황제인 자신이 프로이센의 포로가 되는 수모를 겪었다. 임시정부를 구성한 프랑스는 항복을 거부하고 계속 항전하였지만, 1870년 겨울, 파리는 포위당하고 만다. 추위와 굶주림, 목마름을 겪었던 파리 사람들은 하수도의 쥐와 동물원의 동물들까지 잡아먹어야 했을 정도로 고통을 겪다가, 결국 패전을 받아들이게 된다.

파리 봉쇄 관련 캐리커처 만평집 / 위키피디아

이에 제3 공화정이 시작되었는데, 왕정복고를 꾀하는 왕당파들이 프랑스 정부의 주도권을 잡고 있었다. 그런데 이 정부는 자신들의 기득권을 위해 프러시아가 요구하는 일방적인 항복조건을 그대로 받아들인다. 알퐁스 도데의 단편소설 「마지막 수업」에 잘 묘사된 시대상에서 알 수 있듯 알자스—로렌 지방을 할양하고, 50억 프랑이라는 막대한 전쟁배상금도 지불할 것이며, 게다가 프러시아 군이 승리를 기념하기 위해서 당당히, 개선문을 통해 파리에 입성한다는 조건을 그대로 받아들인 것이었다. 파리 시민들은 권력자들이 자신들의 기득권을 유지하기 위해서 그야말로 프랑스의 자존심을 무너뜨리는 치욕스러운 항복을 수락하였다고 분노했다.

시민들은 프러시아에 끝까지 항전하기를 원했다. 항복을 받아들이고 종전을 원했던 정부와의 갈등은 당연한 귀결이었다. 비극의 발단은 바로 몽마르트르에 있던 국민위병의 대포였다. 이 대포는 프러시아 전쟁을 위해 국민들이 모금한 돈으로 마련한 것으로, 국민들 입장에서는 상징성이 남다른 무기였다. 그런데 3공화국의 왕당파가 주력이었던 보수파 정부가 이런 대포를 회수하려 했다. 파리 시민들은 당연히 이를 거부하였고 인질로 잡고 있던 장군 두 명을 처형하면서 본격적인 저항을 시작한 것이다.

결국 시민들은 스스로의 공동체, 즉 '코뮌(commune)'이라는 사회주의 자치정부를 설립하였고 사실상 파리를 장악했다.

여인들이 지키는 '하얀 광장'의 바리케이트 / 위키피디아

　코뮌주의자 즉 코뮈나르(communard)라 불렸던 이들은 정부군과의 대치 과정에서 앞서 말한 두 장군을 비롯해 많은 인질들을 처형했다. 희생된 많은 가톨릭 성직자 중에는 조르주 다르부와 파리 대주교도 포함되어 있었다. 또한 이들의 방화로 튀일리 궁전과 파리시 청사 같은 유명 건축물들이 많이 소실되었다.

　1871년 5월 하순 정부군이 파리 시내로 들이닥친다. 역사가 '피의 일주일'이라 이름 지은 피비린내 나는 진압이 시작된다. 공식적으로 보고된 총살이 17,000명, 추정하기로는 그보다 서너 배 더 많은 코뮈나르와 시민이 무자비하게 학살당했다.

피의 일주일, 정부군의 학살 (Maximilien Luce의 그림, 1871년 파리의 어느 거리)
/ 위키피디아

두 달 동안의 저항은 처참하게 끝나고 인류 최초의 사회주의 자치정부였던 파리코뮌은 역사의 물결 속으로 사라졌다. 포로로 잡힌 많은 시민들은 여기저기로 유배당했다. 유배길이 끝날 때까지 먹을 것도 주지 않고 부상도 방치해 많은 시민이 죽는 비극은 이어졌다.

그러나 이후 코뮈나르에 대한 사면과 복권이 이루어졌다. 역사는 파리코뮌을 볼셰비키 혁명보다 30년이나 앞선 인류 최초의 사회주의 혁명으로 평가했다. 무엇보다도 '정의와 평등과 자유를 위한' 제3 계급의 '투쟁과 순교'라고 기록하기 시작했다.

성심성당 건립 배경

당시 여론은 파리코뮌에 대해 매우 비판적이었다. 프러시아 전쟁에서 패하고 제3 공화국이 시작되는 날 낭트 주교 푸르니에(Felix Fournier)가 교구의 사제들에게 보낸 편지가 이를 말해준다. 전쟁에서 프랑스가 패한 이유를 대혁명 이후 프랑스가 도덕적으로 추락한 것에 대한 하나님의 징벌이라고 쓴 것이다.

그런데 이 편지를 보고 생각 하나를 떠올린 사람이 있었다. 파리의 부유한 상인이며 박애주의자였던 르장띠(Legentil), 프랑스가 대혁명 이후 지은 죄를 속죄하기 위해서는 성당 하나를 건립해야 한다고 확신한 그는 자신의 이 확신을 가톨릭의 서원으로 밝힌다.

파리 가톨릭계에서 강직한 사람으로 알려진 르장띠는 또한 인맥이 아주 넓은 사람이었다. 그런 덕분에 자신의 성당 건립계획을 의회에서까지 논의할 수 있게 만들었다. 그를 비롯한 설립 주창자들은 성당이 공익을 위한 것이어야 한다고 의회를 설득한 것이다. 성당을 지을 부지를 확보하기 위해서는 파리시와 개인 소유의 토지를 수용해야 했는데, 이를 위한 한 방법으로 공익성을 표방하였던 것이다. 이때 국민의회 의원의 58%를 왕당파가 차지하고 있었는데 이들 대부분이 강경 가톨릭주의자들이었기 때문에 가능한 일이었다.

특히 이 법은 교회는 '오로지 기부금으로만 건설되어야 하며' '가톨릭 전례를 공공적으로 수행하는 목적으로만 사용될 것'으로 규정하고 있다. 이 법이 통과함에 따라 파리 대주교는 원하는 토지를 강제 수용할 수 있게 되었다. 몽마르트르의 성 베드로 성당 뒤쪽, 선술집, 장터, 채마밭 등이 있던 곳이다. 파리 어디에서든 잘 보이는 곳이라 성당을 드러내 보이기에 적합했기 때문이었다.

오로지 파리코뮌이 '저지른 죄'를 속죄하기 위해서 사크레쾨르 대성당을 세웠다는 견해도 있다. 코뮌에 대해 부정적인 시각이 강했기 때문이다. 성당 건립의 2인자로 불리는 르장띠의 사촌 플뢰리가 기공식 때 한 연설에 잘 드러난다.

여기 코뮌이 시작된 곳, 클레망 토마 장군과 르콩트 장군이 살해된 곳, 여기에 사크레쾨르 대성당이 세워집니다. 대포로 가득 찬 이 언덕, 술 취한 무뢰배들이 몰려다니던 이 언덕, 모든 종교를 싫어했던 사람들이 살던 곳, 특히 가톨릭에 대한 증오심이 들끓던 이 언덕을 우리는 기억해야 합니다.

일부 역사학자들은 코뮌과 성당건립은 관련이 없다는 견해를 밝히기도 하였다. 이에 대한 논란이 있기도 하였지만 세월이 흐를수록 성당건립을 파리코뮌의 과도한 행동에 대한 속죄 행위로 받아들이고 있다. 일부 역사학자들도 성당건립을 상당 부분 정치적인 상징이라고 평가한다. 정치와 종교가 완전히 분리된 현재의 프랑스에서 이 논쟁은 여전히 계속되고 있다.

성심성당 건립 추진

공모를 통해 폴 아바디의 작품이 선정되었는데, 중앙 돔이 있고 그 주변에 소형첨탑들이 배치되어 있으며, 종탑이 따로 있는 로마비잔틴 양식 건축이었다. 이 양식은 제2 제정 때 유행하던 네오바로크 양식에 대한 반발이었다. 잘 알려진 파리의 '오페라 가르니에'가 이를 대표하는 건축물이다. 황제 나폴레옹 3세가 오로지 자신의 오페라 관람을 위해 지었기 때문에 공화정 시대가 되자 이 양식 자체가 눈엣가시가 된 것이다.

성당 건립을 위해 가톨릭 신자들에게 따로 많은 금액을 기부하라는 등의 요구는 없었다. 자신의 능력껏 기부하는 국가적 기부 형태로 건립 기금이 모였다. 르장띠와 더불어 성당 건립의 주역이었던 플뢰리는 특히 '석재 기부'라는 아이디어를 냈다. 가족이나 집단, 자선단체 등이 성당을 짓기 위한 돌 하나 혹은 기둥 하나, 또는 샤펠 하나 값을 기부하도록 하는 것이었다. 그러면 기부한 것에 기부자의 이름이나 가문의 문장 등을 새길 수 있도록 하였다.

약 50년 동안 1천만 명 이상이 참여한 기부에서 약 4천 6백만 프랑의 거액이 모였다. 1900년 프랑스의 인구가 4천만 명 조금 웃도는 정도였으니, 프랑스의 모든 가정이 이 성당 건립에 참여했다고 볼 수 있다. 특히 1천만 명의 기부자 중 가톨릭 신자가 아닌 일반인들이 약 800만 명에 이르렀다. 성당 건립이 가톨릭이라는 특정 종교 건축물의 건립이 아니라 국가적인 차원의 이슈와 관련되어 있었음을 의미한다.

성당의 위치는 그 시절 물랭 들라 갈레프(moulin de la Galette)에서 멀지 않은 곳이었는데, 바로 인근에 있었던 솔페리노 탑은 철거되었다. 그런데 기초 보강 공사에만 몇 개월이 걸렸다. 이 지역에 옛날 석회석 광산이 있었기 때문이다. 지하갱도로 인한 토사 유실과 붕괴 등으로 33m 깊이의 수직 갱도를 여든세 개나 파야 했고, 오늘날 레미콘 트럭 약 6,000대 분량의 자갈과 시멘트를 채워 넣어야 했다. 시멘트로 채워지고 지하에서 회랑아치로 연결된 수직갱도들이 진흙을 뚫고 지반에 닿아 기둥 역할을 하도록 했다.

반교권적이었던 제3 공화국은 교구로부터 대성당의 소

유권을 박탈하고, 이를 극장 혹은 당시 유럽 각국에서 유행하기 시작했던 '노동자의 집'으로 용도를 변경하려고 했다. 이런 갈등을 해소하기 위해 공화사회주의 급진당으로 구성되었던 클레망소 정부는 사크레쾨르 대성당은 '파리시의 소유이며, 새로운 법에 의하지 아니하고는 용도변경 될 수 없다.'는 법안을 1908년 통과시킴으로써 성당에 관한 소유권과 용도 논쟁을 종식시켰다.

성심성당 건립과 내외부 장식

아바디가 애초 설계한 로마비잔틴 양식의 반원형 돔을 높이가 훨씬 높은 네오르네상스 양식의 타원형 돔 형태로 바꾼 것은 그가 죽고 난 다음 공사를 이어간 후계자들이다. 성당 앞 광장에서 순례자들이 경험할 수 있는 시각적 왜곡을 피하기 위해서였다. 몽마르트르의 좁은 언덕 위에 성당이 서있기 때문에 성당 앞 광장은 더욱 좁다. 성당 앞 광장에서 성당을 바라볼 경우, 만약 돔이 낮다면 성당 본채에 가려 돔을 볼 수 없을 것이다. 그러면 하늘을 향해 날아오르는 것처럼 보여야 할 성당 전체의 이미지가 사라질 것이다. 이런 까닭에 돔의 높이가 훨씬 더 긴 타원 형태의 네오르네상스 양식을 채택하였다.

사크레쾨르 대성당

 성당의 후진에 있는 종탑은 꼭대기의 십자가를 포함하여 높이가 91m인데, 1914년에 완공되었다. 성당의 축성과 바질리크 봉헌이 완전히 이루어지기까지는 1, 2차 세계대전을 겪으며 많은 시간을 기다려야 했다. 성당 안 후진 천장의 모자이크가 완성된 것은 1923년이며, 2차 세계대전 때 폭격으로 파괴된 색 유리창을 또한 모두 보수해야 했다. 성당이 완전히 완성되기까지는 처음 예상한 것보다 여섯 배 많은 예산과 50년 이상의 기간이 소요되었다.

 사크레쾨르 대성당은 전통적인 바질리크 건축 구조로 지어지지 않았다. 4개의 돔을 가진 그리스 십자가 형태이다. 중앙 돔의 하단에 있는 쐐기돌까지의 높이가 55m이며 지름은 16m이다. 중앙 돔은 83m이며, 그 위로 주랑 형태의 채광창이 있다. 나선형 계단을 돌아 올라가면 돔 내외부에 있는 회랑으로 갈 수 있는데, 날씨가 맑을 때는 파리 주변 30km의 전망을 볼 수 있다.

유럽의 성당들은 제단이 있는 후진이 동쪽을 향하고 성당의 입구인 주 출입문이 서쪽을 향하는 것이 관례이다. 해가 뜨는 방향이자 예루살렘을 향해 예수를 모시는 구조이기 때문이다. 그런데 몽마르트르의 사크레쾨르 대성당은 이를 따르지 않았다. 제단이 북쪽을 향하고 출입문은 남쪽으로 열려 있다. 언덕의 면적이 좁은 데다 그 형태가 동서로 길지 않은 이유도 있었지만, 그보다 더 근본적인 이유가 있다. 파리 시내를 향해 성당을 열어 두기 위해서 북남 방향을 택한 것이다. 사크레쾨르 대성당은 고유한 종교적 사원이기도 하지만 동시에 파리 시민들을 향해 열려있음을 표방하기 위한 것이다.

성당을 위한 석재는 에투왈 개선문에 사용한 석재와 동일한 규회석이다. 파리 지역의 석재가 아니라 파리 남쪽지방에서 캐낸 지하수중 침전암 종류이다. 이 돌은 입자가 아주 미세하여 단단하기도 하다. 물이 닿으면 스스로 먼지를 씻어내는 특성이 있어 항상 건물의 표면이 깨끗하게 유지될 수 있다. 군데군데 검은 때가 낀 보통 성당과 달리 사크레쾨르 대성당의 외벽이 항상 하얗게 빛나는 이유이다.

성당의 외부장식에는 어떤 특성이 있을까. 성당의 정면은 남쪽인데, 두 개의 층으로 구성되어 있다. 지상 층의 계단 안쪽에는 아치 세 개로 나뉘어 있는 출입문이 있다. 그 위 팀파눔에는 각각 부조가 새겨져 있는데, 로마 병사가 창으로 예수의 심장을 찌르는 장면, 성 토마가 예수의 벌어진 상처에 자신의 손을 넣어보는 장면, 모세가 바위를 두드리는 장면이 묘사되어 있다.

문 위의 1층 넓은 테라스에는 측면 벽을 위쪽으로 마무리하는 두 개의 청동 기마상이 서있다. 왼쪽은 성왕 루이의 기마상인데 오른손은 칼을 곧추세우고 있고, 왼손에 들려 있는 예수의 가시면류관은 예수의 수난을 강조하기 위한 것이다. 1891년에 세웠던 성 조르주의 기마상을 없애고 1927년, 중세 때 프랑스를 통합하고 십자군 원정에도 참여한 성왕 루이의 동상을 세운 것이다. 오른쪽에 있는 기마상은 잔 다르크인데 본래 있던 성 마태오 동상을 없애고 1925년 새로 세웠다.

성 조르주라는 순수한 가톨릭 성인의 동상을 성왕이라는 호칭을 가진, 그러니까 종교와 국가 모두를 위해 순교한 국왕의 동상으로 바꾼 것, 그리고 신약성서 시대의 성 마태오 동상을 없애고 위기의 프랑스를 극적으로 구해낸 백성의 기마상으로 바꾼 것, 이 모두 프랑스 사회가 이

성당에 국가주의적 의미를 부여했다고 말할 수 있는 또다른 한 대목이다.

이런 해석이 가능한 근거는 동상을 교체한 시기가 양차 세계대전 사이라는 점이다. 이 시기는 프랑스 내에서는 좌파연합이 선거에서 승리하고 독일과 이탈리아에서는 극우정당이 점점 세력을 얻어가는 시기였다. 종교적 인물보다는 국가를 위기에서 구한 위인이 더 필요한 시기라는 의미이다. 잔 다르크 기마상 자체도 이런 정황을 말하고 있다. 작가인 르페브르의 애초 구상은 칼 하나만을 들고 서있는 시골 소녀 잔다르크였다. 그런데 파리시 기념물 위원회가 잔 다르크의 전투 이미지에 어울리는 철갑을 두른 전사의 모습으로 표현할 것을 강제하였다. 이 기마상들은 정치적인 기념물이라 할 수 있으며, 종교 건축물인 성당에 국가주의적 가치를 보태었음을 의미한다.

기마상이 있는 층은 돌림띠 장식으로 성당 본체에서 돌출되어 있어서, 상대적으로 그 위층은 뒤로 물러나 있는 것처럼 보인다. 지상 층 출입구의 아치들과 동일한 방식으로 아치 세 개가 뚫려있으며, 그 윗부분은 팀파눔으로 장식되어 있다. 왼쪽 팀파눔은 마리 마들렌느, 오른쪽은 사마리아 여인을 표현한 부조이다. 개종과 회개를 상징하는 두 성녀를 통해 속죄하는 프랑스와 예수의 자비를 알레고리로 표현하였다.

중앙 팀파눔 위의 기둥머리 팀파눔에는 가슴에 성심, 예수의 심장이 있는 5m의 예수상이 있다. 이런 종류의 상을 '축복을 내리는 예수'상이라 부른다. 이는 예수의 수난을 상징하는 면류관, 십자가를 진 모습, 최후의 만찬 등과 함께 예수가 오른손의 두 손가락을 들고 축복을 내리는 모습의 도상이나 동상을 이르는 용어이다. 오른손의 두 손가락과 이 성당의 이름인 사크레쾨르, 즉 예수의 심장을 왼손으로 가리키는, 예수의 사랑이 표현되어 있는 모습이 여기에 해당한다.

동상, '축복을 내리는 예수', 마들렌느와 사마리아 여인, 피닉스와 펠리컨,

그리고 예수상 양쪽 바깥의 삼각팀파눔에는 새 두 마리가 장식되어 있다. 왼쪽은 피닉스, 그러니까 부활을 통한 영원성을 상징하고, 오른쪽은 펠리컨인데 가톨릭에서

는 성찬, 최후의 만찬을 상징한다. 옛날에는 펠리컨이 자신의 피와 살로 새끼를 키웠다고 알려져 있어 부모의 사랑을 상징했다. 기독교는 이를 최후의 만찬으로 표현된 예수의 사랑, 자신의 심장에서 흐른 피로 인류를 구원했다는 상징으로 해석하였다. '축복을 내리는 예수' 아이콘의 한 요소인 성찬을 펠리컨이라는 알레고리로 장식했다고 하겠다.

후진에 있는 종탑은 91m나 되는 높은 탑이어서, 현장에서는 꼭대기의 바깥 발코니 네 모퉁이에 장식되어 있는 천사를 잘 알아보기 힘들다. 이렇게 종탑이 높고 큰 까닭은 그 안에 프랑스에서 가장 큰 종이 있기 때문이다.

후진의 종탑

이 종은 알프스 산맥 몽블랑 남쪽에 있는 사부아 지방 사람들이 주조하여 기증한 것인데 지름이 3m나 되고 무게가 18,835kg, 그러니까 19톤에 이른다. 이 큰 종을 사부아의 주도 안시(Annecy)에서 파리까지 실어오기 위해 높이가 낮은 화차를 따로 제작하여야 했다. 또한 28마리의 말을 매어 몽마르트르 언덕까지 옮기는 과정 자체가 당시 파리의 엄청난 이벤트였다. 19세기 후반 프랑스와 합병한 사부아 지방이 프랑스와 동화되었음을 가톨릭을 통해 보여준 사건으로서, 종교적 이념이 국가주의 이념과 혼재한 상태였음을 보여주는 뚜렷한 예라 할 수 있다.

중앙 돔과 종탑 사이의 후진 지붕 꼭대기에는 동상이 하나 있다. 창과 날개를 가진 것을 보면 성 미카엘 천사이다. 19세기 후반의 국가주의를 옹호하며 공화주의를 반대하는 아이콘으로서 악마를 물리치는 성 미카엘이 사용되었다. 자세히 보면 쓰러진 악어 한 마리를 천사가 밟고 서 있다. 가톨릭을 공격하는 악마의 상징인 용 대신 악어를 설정했는데 프랑스 공화국을 표현하는 알레고리로 볼 수 있다.

성 미카엘 천사

정문을 통해 성당 내부로 들어가면 오른쪽 가장 앞에
있는 샤펠(chapelle)이 바로 군대를 상징하는 성 미카엘 샤펠
이다. 여러 성인을 위한 샤펠 중 특히 익랑 양쪽에는 상
업, 공업, 농업, 바다를 위한 특별한 샤펠이 있다. 성인들
의 샤펠이 있는 보통의 성당에서는 볼 수 없는 샤펠이다.

성당 후진 천장의 반원형 돔에는 프랑스에서 가장 큰
모자이크 그림이 있다. 축복을 내리는 예수의 도상인데
예수 양쪽에 성모 마리아와 성 미카엘 천사가 서있다. 그
앞 양쪽에 무릎을 꿇고 있는 두 사람은 교황 레오 13세와
잔 다르크다. 자유주의자였던 레오 13세는 가톨릭교회가
'귀족과 착취 계급의 동맹관계가 아니며 노동자의 적법
한 요구를 지지한다.'는 사실을 칙령을 통해 명확히 밝힌
교황이다. 따라서 이 모자이크는 프랑스의 사회 상황과

함께 많은 것을 상징한다고 할 수 있다. 모자이크 그림 아래 부분을 빙 둘러 'SACRATISSIMO CORDI JESU, GALLIA PŒNITENS ET DEVOTA ET GRATA"라는 라틴어가 새겨져 있다. '예수의 가장 거룩한 성심에 참회하고 봉헌하고 감사하는 프랑스'라는 의미이다.

모자이크 아래에 새겨진 라틴어 경구

몽마르트르와 성심성당, 치유의 의미

프랑스–프러시아 전쟁 혹은 파리코뮌이라는 비극적 사건을 계기로 성당을 세웠다는 것이 사크레쾨르 대성당이 가진 가장 뚜렷한 특성이다. 그래서 가톨릭이라는 종교적 신념과 국가주의 이념이 뒤섞인 양상을 성당 도처에서 볼 수 있다. 성당 설립을 위한 준비부터 내외부의 장식에서 이런 의미가 그대로 표현되어 있다. 국가 서원을 위한 의회의 표결, 전 국민의 기부로 모금한 설립예산, 동서가 아닌 남북 방향의 성당 구조, 사부아 지방에서 만들어 운반한 프랑스 최대의 종, 성당 정면에 있는 두 동상과 여러 부조들이 나타내는 국가주의적 이념, 미카엘 천사로 상징된 반공화주의적 정치성 등이 그랬다.

정치와 종교를 명확하게 분리하기 시작한 20세기의 프랑스는 이런 반 계몽주의적 경향을 아주 비판적으로 바라보기 시작했다. 그래서 파리시는 성당이 소유한 인근의 토지를 1904년 모두 환수했다. 이런 비판을 구체적으로 드러낸 상징적인 사건이 있다. 신성모독과 불경죄로 1776년에 참수되고 화형 당한 프랑스의 젊은 귀족 기사 라바르[chevalier de La Barre]의 동상을 성당 인근에 세움으로써 파리시가 무신론과 반 교권주의를 표방한 것이었다.

그러나 이런 대립이 오래 가지는 않았다. 1926년 파리시는 성당과 직접적인 대립을 완화시킨다는 취지에서 동상을 좀 더 아래쪽으로 이전하였다가 1941년 철거하였다. 60년 후인 2001년에는 완전히 모습이 바뀐 기사 라바르의 동상을 새롭게 세움으로써 성당과의 직접적인 갈등을 씻어내었다. 국가권력과 종교권력이 마침내 화해한 조그만 상징적 사건이라 할 수 있다.

기사 라바르의 새로운 동상 / 위키피디아

파리개조사업 이전에는 농부와 광부들이 살았고, 또한 파리의 범죄자들과 부랑자들이 숨어들었던 광산촌. 이후 파리 도심에서 쫓겨난 빈민들이 정착했고 파리코뮌이라는 비극이 시작된 곳. 그리고 전 세계의 가난한 젊은 예술가들이 예술혼을 키운 몽마르트르. 이처럼 몽마르트르는 프롤레타리아와 라보엠의 애환과, 가난한 예술과 실패한 혁명이 자리했던 헬레니즘의 장소이다. 그리고 이 언덕은 저 먼 옛날부터 종교적인 장소였다. 골족의 사원, 이교도 로마의 다신교 사원에서 가톨릭 순교의 장소. 비록 종교와 정치체제가 혼재한 시대를 거쳤지만 이제 그 언덕 위에 우뚝 서있는 사크레쾨르 대성당은 헤브라이즘의 전형적인 상징이기도 하다.

몽마르트르와 사크레쾨르 대성당은 이처럼 헬레니즘과 헤브라이즘이 혼재하며, 또한 경제적이며 사회적인 충돌과, 종교적이며 이념적인 갈등이 함께한, 파리의 역동적인 근대를 보여주는 역사와 문화의 현장이다. 이런 몽마르트르와 사크레쾨르 대성당에는 사랑과 치유의 의미가 담겨있었다. 몽마르트르가 가난한 서민들과 배고픈 젊은 예술가들을 보듬어 준 둥지였다면, 사크레쾨르 대성당은 패전과 그 극복 과정에서 발생한 비극의 아픔을 보듬기 위한 위안의 건축물이기 때문이다.

그래서 성당의 중앙첨탑 꼭대기는 밤새 등불을 밝히고 있다. 어두운 밤중에도 항상 파리를 밝힌다는 상징적인 등불이다. 정문이 서쪽을 향한 전통적인 성당들과는 달리 사크레쾨르 대성당의 정면은 남쪽인 파리를 향해 언제나 열려있다. 그리고 눈에 보이지 않는 사랑도 있다. 1885년 8월 1일 이래로 세계의 평화를 위한 신자들의 기도가 사크레퀘르 대성당에서 이어지고 있는 것이다. 1년 365일 24시간 내내, 단 하루 단 한 시간도 끊이지 않았다. 전 세계 2,000개 이상의 성당이 참여하고 있는 이 기도에 누구나 1시간씩 참여할 수 있다. 직접 사랑을 실천할 수 있는 길을 열어 두었다는 의미이다.

중앙 첨탑 꼭대기의 등불

왈라스 샘에 담긴 파리 사랑

파리, 다양한 샘-분수의 도시

파리의 거리를 걷다 보면 크고 작은 여러 형태의 샘이나 분수를 만날 수 있다. 특히 여름 여행자에게는 참 반가운 오브제다. 파리에는 300개가 넘는 각종 샘이 있는데, 다양한 종류의 샘이 1km²에 세 개가 있다는 의미이다. 파리뿐만 아니라 유럽을 여행하다 보면 어떤 도시에서나 쉽게, 우연히 마주치는 이런 저런 샘들, 규모가 크든 작든 대부분의 샘들은 주변과 조화롭게 잘 꾸며져 있다.

작지만 기억에 남은 샘이 하나 있다. 파리 6구의 센 가와 마자린 가 사이 센강 쪽 조그만 공원 안에 있는 샘이다. 옛날 시장이 공원으로 바뀌었는데 샘은 그대로 남아 있었다. 고대그리스 풍의 얼굴 두 개가 등을 지고 조각된 사각 돌기둥, 그 아래의 관에서 물이 흐르고 있었다. 목걸이와 머리의 관은 풍성한 과일로 넘쳐났고, 목걸이가 둘러싼 안쪽에는 뱀 두 마리가 감겨 있는 케뤼케이온이 장식되어 있었다. 풍성한 과일과 헤르메스의 지팡이는 이 샘이 옛날 이 시장의 풍요와 번영을 기원하는 샘이라는 의미이며, 상인들을 위로하고 격려하는 마음을 담은 것일 테다. 시장은 오래 전에 사라졌지만 목을 축이며 그 곳을 지나던 여행자도 여전히 위안의 메시지를 느낄 수 있었다.

카름 시장 샘, 파리 6구 / 위키피디아

어떤 곳에서는 그야말로 거대한 예술작품 같은 샘, 분수를 만날 수도 있다. 예를 들어 오스만이 파리개조사업 때 조성한 생미셸 분수가 그렇다. 시테섬의 생미셸 다리,

그 너머 왕궁 거리를 바라보는 높이 26m의 건물 벽체 전체를 분수로 조성했다. 저 멀리에서 보아도, 마치 라파엘로의 그림을 옮겨 놓은 듯, 미카엘 대천사가 악마를 쓰러뜨리는 거대한 조각상을 볼 수 있다. 파리를 새롭게 가꾸면서 악한 기운을 물리치고자 하는 염원을 담았다.

생미셸 분수

유럽 도시의 샘-분수의 기원과 기능

그런데 이런 분수도 애초에는 광장이나 길거리의 장식을 목적으로 한 것이 아니라, 본래의 목적은 샘이었다. 종류가 다양하다는 점에서 샘에 대한 생각을 조금 정리해 보아야 한다. 유럽의 도시에 있는 분수를 순전히 장식적인 것이라고 생각하면서 흔히 분수를 샘과 다른 것으로 여기지만, 분수는 샘의 일종이다. 보통 샘이라고 하면 우물을 생각하는데, 물을 쉽게 구할 수 있는 우리나라에서는 유럽에서 보는 분수 같은 형태의 샘을 좀처럼 만나기 어렵기 때문이다.

유럽의 샘, 특히 유럽 도시의 샘은 우물과 근본적으로 다르다. 우물이 땅을 수직으로 파서 지하수를 모으고 이를 길어 올리는 시설이라면, 샘은 스스로 솟아나는 경우가 아니면 펌프나 수로를 통해 도시 외곽에서 물을 끌어와 도시 내에 배급하는 시설이다.

유럽에서는 도시 안에서 구할 수 있는 물이 부족한 이유도 있었지만, 이런 샘—분수는 특히 도시의 공공 위생과도 밀접한 관련이 있었다. 하수나 분변으로 인해 쉽게 오염될 수 있는 우물은 흔히 콜레라 같은 수인성 전염병의 감염원이 되기도 했기 때문이다. 이에 반해 외부에서 물을 끌어오는 샘—분수는 오염이 적어 전염병의 위험이 훨씬 적은 안전한 수원이었다.

그래서 도시 외부로부터 물을 끌어온다는 것은 고대그리스의 도시 국가, 특히 로마제국에서부터 아주 중요한 국책사업이었다. 지금까지 남아있는 유럽의 많은 고대 수로가 이를 말해준다. 로마 10km 앞에 지금도 남아있는, 아치 높이가 30m인 클로디아 수도교가 그렇다. 길이가 16km에서 90km나 되는 수도교가 로마 인근에 모두 열 한 개가 있었다.

파리 남쪽 약 10km 쯤 떨어진 곳에 지금도 사용하는 수도교가 있다. 높고 긴 반느 수도교 아래에 있는, 카트린 메디치가 17세기 초에 건설했던 메디치 수도교가 그 것이다. 샘은 바로 이 수로를 통해 도시 내부에 물이 분배되는 지점, 혹은 수로가 끝나는 중요한 지점이었다. 우리가 잘 아는 로마의 트레비 분수도 비르고 수도교가 끝나는 지점의 샘이라고 한다.

도시 바깥에서 물을 끌어오고 이 물이 솟아 사람들이 사용하는 곳이 샘인데, 샘의 형태에 분수형이 있고, 수반형 그러니까 넓은 접시 같은 수반에 물이 솟아 흘러넘치는 형태, 그리고 폭포형이 있다. 파리뿐만 아니라 유럽 도시들을 여행하면 이런 다양한 형태의 샘을 거의 어디서나 만날 수 있다. 식수를 아무데나 쉽게 구할 수 있는 우리나라와 달리, 유럽의 도시나 마을에서 샘은 필수적인, 실용적인 목적의 도시 공공 기반시설이었다.

샘-분수의 근본적인 기능은 이처럼 사람이나 짐승들이 마실 물을 공급하기 위한 것이었다. 옛날에는 오늘날의 자동차를 대신하는 것이 마차였기 때문에 말과 같은 짐승을 위해서도 샘은 아주 중요한 것이었다. 오래된 마을을 지나다 보면 흔히 사람 허리 높이의 수반, 길바닥과 높은 수반 사이 중간쯤 되는 높이의 수반, 그리고 길바닥에 파인 수반 이렇게 세 단계로 구성된 샘을 만날 수 있다.

세 단계로 구성된 샘 / 위키피디아

　길바닥의 수반이 바로 짐승을 위한 것이며, 아예 짐승
만을 위한 샘도 있다. 샘이 있는 장소는 예외 없이 공원
이나 사람들의 통행이 빈번한 길거리, 마을의 광장 한복
판과 같은, 사람이 많이 모이는 공공장소, 특히 주거 밀
집 지역의 한복판이다. 그래서 도시 여러 곳에서 고루 샘
을 발견할 수 있으며, 사회 공공재이기 때문에 이들은 흔
히 조각품 등으로 장식되어 있다.

파리 샘-분수의 변천

물을 중심 주제로 삼았던 바로크 시대였던 17세기와 18세기는 샘, 특히 분수의 전성기라 할 수 있다. 휘황찬란한 조각품과 다양한 장식으로 꾸민 샘, 물의 힘찬 역동성을 가장 잘 표현할 수 있는 분수 등, 기념비적인 수많은 샘들이 이 시대에 만들어졌다. 트레비 분수를 포함한 로마의 많은 분수들이나 베르사유 정원의 분수들을 떠올려 보면 충분히 상상할 수 있겠다.

또한 샘-분수는 일상생활에서 중요한 시설이었기 때문에 옛날부터 권력이 관심을 가지고 의미를 부여하며 아름답게 가꾼 장소이기도 하다. 예를 들어 루이 14세는 당대 라틴어 시의 대가로 하여금 파리의 분수를 훌륭한 라틴어 시로 장식하게 했다. 분수가 길거리의 시집이 된 셈이었다. 지금은 없어진 '자비의 샘'의 남은 장식에는 여전히 '이 샘물을 마신 사람, 다른 사람들에게 후덕한 인심을 베풀라.'는 시구가 남아있다. 파리 3구 골목길이 만나는 곳에 있는 '부셔라 샘[fontaine Boucherat]에서는 루이 14세의 업적을 칭송한 라틴어 문장을 지금도 볼 수 있다.

'루이 왕이 내린 행복한 평화가 파리에 풍성하게 퍼지듯이,
이 샘 또한 그 물을 파리에 내리노라.' 파리 3구, 부셔라 샘 / 위키피디아

파리 시내 한가운데, 리슐리외 거리와 몰리에르 거리
가 만나는 지점에 19세기 때 세워진 몰리에르 샘 또한 그
렇다. 불세출의 희극작가 몰리에르 동상이 샘 위의 좌대
에 있고 그 좌우로 여인상 두 개가 샘을 장식하고 있다.
두 여인상은 각각 심각한 희극과 가벼운 희극으로 나눈
몰리에르 작품들의 제목이 적힌 두루마리를 펼쳐 들고
있다. 그의 생가가 있는 몰리에르 거리, 그 거리의 분수
를 통해 예술가를 추모하고 있다.

몰리에르 샘

　19세기에 접어들자 산업혁명과 함께 유럽 도시들의 인구가 급격히 증가한다. 파리도 갑자기 늘어난 인구를 감당하기 위해 수로를 확장하고 새로운 샘을 많이 만들었다. 1806년 나폴레옹 때 만든 '종려나무 샘'이 대표적인 경우이다. 파리 1구 샤틀레 광장에 있는 이 샘은 당시 자신이 거둔 승리를 상징하면서, 동시에 파리 시민들에게 무상으로 물을 보급하기 위한 것이었다.

　그렇지만 도시의 서민들을 위한 일상생활 공간의 샘은 여전히 부족했다. '물 탑 분수'는 생마르탱 운하가 시작되는 변두리 지역인 19구의 라빌레트에 있던 옛날 수원지를 다시 개발한 샘이다. 중심가인 3구의 탬플 지역과 시내에 있는 마레 지역에 물을 공급하기 위한 것이었다. 이후 마레 지역에 물이 충분히 공급되자, 귀족들과 부자들이 살았던 보주 광장에 순수하게 장식적인 분수를 만들기도 하였다.

샘의 본래 목적을 벗어나 사회적 이념을 장식한 고전적인 양식의 분수도 많이 등장했다. 건축가 이토르프가 콩코르드 광장의 오벨리스크 남북 양쪽으로 세운 '바다들의 분수'와 '강들의 분수'가 그렇다. 콩코르드 광장의 이념을 분수에 적용한 것이었다. 북쪽의 분수는 라인강과 론강의 신, 그리고 포도와 밀 수확을 묘사하고 있는 여신상과 더불어 강의 항해를 축하하고 있다. 남쪽의 분수는 지중해, 대서양 그리고 어업을 묘사하고 있는데, 백조들이 항해와 상업, 천문학을 상징하는 요정들과 어울려 있는 모습이다. 근대 프랑스가 가치를 둔 여러 주제가 시대적 염원이 되어 그대로 장식된 것이다.

콩코르드 광장, 강돌의 분수

현대에는 개성적인 분수들이 등장했다. 다양한 스타일의 예술가들이 만든 작품인 이들 분수는 도시계획으로 기획한 분수들이다. 퐁피두센터 옆에 있는 스트라빈스키 분수가 그렇다. 유명 팝 아티스트들이 1983년 만든 작품이다. 파리 현대음악연구소 근처, 스트라빈스키 광장 인근이라는 분수가 자리한 장소 특성도 감안했겠지만, 퐁피두센터와의 관계에서 전위적인 예술품으로 분수가 탄생한 것이다. 사람이나 짐승을 위한 공공의 샘이 필요하지 않은 상황에서, 이제 샘은 현대의 우리가 일반적으로 생각하는 분수처럼 순수하게 도시의 장식이 되었다.

왈라스 샘

그런데 파리 도처에서 툭하면 만날 수 있는 예쁜 샘이 있다. 거창한 분수 형태의 샘이 아니라 조그만 샘이다. 커지도 않고 화려한 장식도 없지만 샘의 기능에 아주 충실한, 동시에 파리의 길거리 풍경과도 잘 어울리는 예술품 같은 샘이다. 아름다운 이야기가 숨어있는, 공공 수도이자 음수대인, 왈라스 샘이다.

왈라스 샘

샤를 르부르가 디자인한 이 샘의 이름 왈라스는 이를 만들어 파리에 기부한 영국의 박애주의자 리처드 왈라스 (Richard Wallace)의 이름이다. 주철로 만든 조그만 이 샘은 유럽은 물론이고 아메리카 대륙과 중동 등 세계의 많은 도시에서도 찾아볼 수 있다. 노란 택시가 뉴욕 거리를, 빨간 공중전화 부스가 런던 거리를 상징하듯이, 외국인들에게 왈라스 샘은 파리의 거리 이미지를 떠올리는 오브제가 되었다. 최초로 설치한 도시가 파리였으며, 또한 파리에 그 숫자가 100여 개로 가장 많기 때문이다. 1km²에 한 개의 왈라스 샘이 있는 셈이다.

왈라스 샘, 출생의 비밀

파리에 이토록 많은 왈라스 샘이 있는 이유가 뭘까. 1872년에 이 샘이 세워졌다. 나폴레옹 3세가 1870년 프러시아를 상대로 전쟁을 선포하자, 파리 사람들에게는 어려운 시기가 닥쳐왔다. 프러시아 군의 파리 봉쇄와 엄청난 포격으로 파리의 많은 것이 파괴되었다. 제3 공화국이 선포되고, 전쟁이 끝나고, 파리코뮌 동안 많은 학살이 있었고, 이 힘든 과정에서 가난한 사람들이 엄청나게 늘어났다.

정치적 변화가 이렇게 격심했던 시기는 19세기 내내 산업혁명이 지속된 시기와 맞물린다. 이 시기는 또한 도시화가 본격적으로 진행된 시기이기도 하다. 그러니까 정치적 불안정, 도시의 열악한 생활 조건과 함께 아동노동, 긴 근로시간, 저임금과 산업재해, 더 극심해진 빈부

격차 등, 초기 자본주의의 모순이 거칠게 드러났다.

대혁명 이전 구체제 때는 왕실이나 귀족들이 나름대로 빈민 구제를 담당했다. 그리고 가톨릭교회 또한 사회복지를 담당할 수 있는 중요한 기관이었다. 그러나 1789년 대혁명 이후에는 국가도 교회도 더 이상 빈민들을 염두에 둘 여력이 없었다. 대혁명 이후 두 번의 혁명이 더 있었고, 여덟 번의 정치체제가 바뀐 혼란의 중심에 파리가 있었기 때문이다.

이 시기는 그래서 박애주의가 사회 전면에서 본격적으로 활동을 시작한 시기이기도 하다. 부자가 된 신흥 부르주아들이 만든 단체인 적십자, 구세군, 박애주의 연합회와 같은 단체들이 다양한 빈민구제활동을 시작했다. 명예를 얻기 위해서든, 기독교적 자선이든, 익명이든 이런 박애주의 활동은 불쌍하고 가난한 사람들에게는 큰 도움이 되었다.

당시 박애주의를 대표하는 한 사람이 바로 영국인 리처드 월라스였다. 사려 깊고 관용적이었던 그는 1870년 가을, 프랑스–프러시아 전쟁이 한창이던 때 자신의 아버지로부터 엄청난 재산을 상속받게 된다. 그러자 자신이 좋아하는 파리, 파리에 사는 사람들을 위해 상속재산 전부를 사용하기로 결심한다. 그는 이 시대 보통의 박애주의자와는 많이 달랐다.

전쟁으로 파리가 봉쇄되었을 때, 다른 부자들이 그랬던 것처럼 시골의 좋은 별장 중 하나를 골라 피난 갈 수도 있었다. 그러나 왈라스는 자신의 집에 머무르며 파리 사람들을 돌보았다. 전쟁으로 지치고 힘든 사람들이 자신을 필요로 한다는 사실을 잘 알았기 때문이었다. 포격으로 다친 사람들을 위해 자신의 넓은 집에 병원을 세웠다. 직접 부상자들을 맞아들였으며 서민들에게 생필품도 배급했다. 그는 자신을 맞아준 나라 프랑스를 언제나 사랑했으며, 죽어서도 파리에 잠들었다. 자신의 이름을 딴 왈라스 샘은 그가 파리에 기부한 여러 것 중 하나일 뿐이다.

왈라스가 다른 것이 아닌 샘을 기부한 구체적인 이유가 있다. 프러시아 전쟁 때 파리로 물을 끌어오던 많은 수로가 프러시아 군의 포격으로 파괴되었다. 파리 근교의 수로는 전부 노천 수로였기에 더 피해가 컸다. 이미 올라버린 파리의 물값은 더욱 치솟았고, 가난했던 대부분의 시민들은 마실 물을 구할 수 없는 지경에 이르렀다.

상황이 이렇게 되자 와인상인들이 가난한 사람들에게 다가왔다. 서민들은 비싼 물 대신 값싼 와인에 유혹될 수밖에 없었다. 많은 사람들이, 심지어 어린아이들조차 알코올 중독에 빠져 들게 되었다. 마실 것이 술밖에 없는 파리 사람들에게 깨끗한 마실 물이 절실하다고 왈라스는 생각한 것이다.

도움이 필요한 사람들을 효과적이고 말없이, 은밀하게 돕는 것이 리처드 왈라스의 평소 철학이었다. 샘을 만들어 보급하는 일은 마실 물을 제공하는 것뿐만이 아니었다. 거창하게 일을 벌이지 않으면서 파리를 아름답게 꾸민다는 그의 평소 소망을 실현할 수 있는 또 하나의 방법이기도 했다.

왈라스 샘, 모습과 의미

샘의 위치는 사람들이 쉽게 접근할 수 있는 곳이어야 하며, 주변 환경과 가장 잘 어울리는 방식으로 조화롭게 설치되어야 했다. 그래서 대부분은 광장이나 거리의 모퉁이에 세워졌다. 1872년 8월, 라빌레트 대로에 왈라스 샘이 최초로 모습을 드러냈다. 당시 언론에 따르면 수많은 파리 사람들이 모여들었고, 물을 받아 보려고 아주 혼잡을 이루었다고 한다. 그러나 공식적으로 준공 행사에 참석한 유명인사는 아무도 없었다.

왈라스 스스로 샘의 디자인을 구상했다. 그리고 샘의 근본적인 콘셉트를 아름다움과 실용성을 잘 화합시키는 것으로 잡았다. 그가 제시한 시방서의 세부적인 사항들을 보면 꼼꼼하고 까다로운 조건을 스스로 설정했음을 알 수 있다.

멀리서도 보일 수 있도록 충분히 높을 것, 그러나 지나치게 높지는 않아서 주변 풍경을 훼손하지 않을 것, 사용하기에 편리하면서도 아름다운 형태일 것. 시제품 십여 개를 우선 설치할 수 있도록 적당한 가격일 것, 튼튼하면서 만들기 쉽고 또 관리하기도 쉬운 재료일 것 등을 섬세하게 제시했던 것이다.

샘의 위치를 파리시가 정하도록 위임한 것처럼 색깔도 위임했다. 짙은 초록색으로 결정되었다. 이 색깔은 파리 개조사업 이후 벤치, 가로등, 안내판, 가드 레일, 가판대, 모리스 기둥 등 당시도 지금도 파리 거리의 모든 시설물을 위한 공식 색깔이다. 가로수 길과 공원에 어울리며 또한 그리 튀지 않는 짙은 초록색은 바로 센강과 주변의 물색깔이다. 왈라스 샘 또한 파리시의 시설물 중 하나라는 의미이다.

왈라스는 다양한 크기와 콘셉트로 우선 시제품 네 개를 만들었다. 재료는 주철이었다. 경제적이면서 튼튼하고, 주물로 만들기 쉬워서 당시 아주 많이 사용하던 재료였다. 거의 모든 비용은 왈라스가 부담했는데, 우선 대형모델과 벽체형 모델 두 가지로 제작했다.

월라스 샘 벽체형 모델

　샘 제작은 장인과 예술가가 맡았다. 발 도슨 공장은 주물 제품을 잘 만들기로 소문난 곳이었다. 처음 만들어진 샘의 기단에 새겨져 있는 이 공장의 이름을 지금도 볼 수 있다. 이후 이 공장을 인수한 앙투완 뒤렌의 공장[GHM]이 지금까지 생산을 책임지고 있다. 앙투완 뒤렌은 그랑제꼴인 국립고등장식미술학교를 설립한 사람이다. 수많은 동상과 분수, 도시 시설물을 지금도 생산하고 있는데 그의 주물 제품은 전 세계의 국제적인 도시에 예술품으로 설치되었다.

　샘을 빨리 세우기를 바랐던 월라스는 잘 알고 지내던 조각가 샤를 르부르에게 디자인을 맡긴다. 르부르는 월라스가 초안으로 그린 디자인을 다듬었다. 월라스가 이미 많이 구상한 디자인이었기에 그는 좀 더 예술적으로 다듬는 작업을 맡았던 것이다.

왈라스 샘, 대형 모델

　대형 모델은 높이 2.71m에 무게가 610kg으로 가장 많이 제작되었고 가장 많이 남아있다. 파리의 이노센트 샘에서 영감을 받았다. 1구 레알 지역 뒤벨레 광장에 있는 르네상스 양식의 이 샘은 님프의 샘이라 불리기도 한다. 네 개의 기둥과 아치는 사각 팀파눔과 돔을 받치고 있다. 기둥은 코린트 양식 위에 이오니아 양식이 보태어진 로만 복합양식 기둥이다. 각 면마다 물의 님프들이 부조로 장식되어 있다. 그리고 아치의 열쇠 돌에 장식된 반인 반어의 바다 신인 트리톤, 또한 그 위 사각 팀파눔 중앙에 또다시 장식된 트리톤의 부조가 있다.

이노센트 샘

　왈라스 샘을 보면, 돌로 된 좌대 위에 여덟 면으로 된 기단이 놓여있고, 기단 위로는 기둥으로 사용된 네 명의 여인상인 카리아티드가 서로 90°로 등을 이어 서있다. 이 카리아티드들은 돌고래로 장식된 뾰족 첨탑의 돔을 팔과 이오니아 양식의 머리로 받치고 있다. 그러니까 이노센트 분수의 네 개의 기둥, 그 기둥에 부조로 장식된 물의 요정들이 왈라스 샘에서는 네 명의 카리아티드로 표현된 것이다. 그 위로 사각의 좁은 팀파눔과 돔의 형상, 돌고래 장식 등이 전체적으로 이노센트 샘과 닮았다.

왈라스 샘, 돌고래 장식과 네 명의 카리아티드

이 카리아티드들은 비슷해 보이지만 모두 다른 모습이다. 튜닉의 가슴 부분 매듭과 옷 주름, 그리고 눈을 뜨고 있거나 감은 모습에 따라 그 차이를 구별할 수 있다. 이 카리아티드들은 각각 선함, 단순함, 자비심, 검소함을 알레고리로 표현하고 있다. 단순함과 검소함은 눈을 감고 있고, 착함과 자비심은 눈을 뜨고 있으며, 무릎과 발의 위치에 따라 모두 다른 모습이다.

단순한 삶과 절제하는 소박한 삶을 위해서는 눈을 감고 나의 내면을 살펴야 한다는 의미이며, 착하게 사는 선한 삶과 타인을 향한 자비심을 위해서는 눈을 뜨고 바깥의 어려운 사람들을 바라보아야 한다는 정도로 해석할 수 있다. 이들은 또한 계절을 나타내기도 한다. 단순성은 봄, 자비심은 여름, 검소함은 가을, 선함은 겨울을 상징한다. 이 샘이 사계절 내내 마르지 않고 계속 흐르도록 카리아티드들이 소명을 다한다는 의미로 읽을 수 있다.

기단의 여덟 면에는 다양한 아이콘이 장식되어 있다. 넓은 네 개 면에는 트리톤이 삼지창을 감고 있다. 이노센트 샘에서 본 트리톤과 흡사하다는 점에서 왈라스 샘이 이노센트 샘에서 영감을 얻었다는 근거를 분명히 알 수 있다. 그런데 왜 트리톤일까.

왈라스가 엄청난 르네상스 애호가라는 점에서 그리스적 문화 전통과 관련하여 샘의 장식들을 읽어 볼 필요가 있다. 포세이돈의 아들 트리톤이 소라 고동을 불어 폭풍을 그치게 하고 물결을 잔잔하게 하거나, 황금양털을 찾아 나선 아르고호를 안전한 항로로 이끌어 주었다는 신화를 떠올릴 수 있다. 트리톤 장식을 통해 왈라스가 염원한 것은 시민들의 안전과 사회적 안정이 아닐까?

기단 돌출부의 좁은 바깥 면에는 진주조개껍질에서 흘러내리는 진주가 묵주처럼 장식되어 있다. 돌출부의 옆면은 소라 고동 문양을 이룬다. 소라 고동 위로는 섬세한 갈대가 새겨져 있다. 소라 고동은 듣기를, 묵주를 이루고 있는 진주는 말하기를 상징한다. 해부학에서 귀의 바깥 부분을 나선 모양(helix)인 소라 고동이라 하듯, 소라 고동은 귀, 그러니까 지적인 인식 도구를 상징한다. 우리말에서도 '총명하다.'라고 할 때 총은 '귀 밝을 총(聰)'을 의미한다. 그러니까 갈대가 장식하고 있는 소라 고동은 파스칼의 갈대와 같이 생각하는 갈대라고 볼 수 있다. 이 샘의 소라 고동의 의미를 '생각하며 말을 듣는다.'는 의미로 새겨보는 것도 괜찮겠다.

왈라스 샘, 기단부의 장식들

고대에는 소라 고동이 진주조개와 같은 의미를 가졌다고 한다. 진주는 진주조개 안에서 생겨난다. 왈라스 샘에서는 진주조개에서 진주가 흘러내린다. 그래서 소라 고동과 진주조개는 말 듣기를 의미하고, 그 속에서 흘러나오는 진주는 들은 말 속에서 진리를 골라 말한다는 의미라고 해석할 수 있다. 진주가 '진리의 말씀'이라는 마태복음의 비유가 이를 잘 설명한다. 샘을 사용하는 서민들이 일상생활에서 지키면 좋은 덕목을 새겼다고 볼 수 있다.

대형 모델 이외에 다른 모델도 있다. 제작비용을 줄이기 위해 카리아티드를 얇은 기둥으로 대체한 것이다. 전체적인 형태는 대형모델과 비슷하지만, 돔이 대형모델처럼 뾰족하지 않으며 기단의 장식이 조금 다르다. 약 서른 개 정도 제작되었는데, 지금 파리에 단 두 개만 남아있다.

벽체형 모델에는 반원형 팀파눔 가운데에서 물의 요정의 머리 모양을 한 기괴한 표정의 얼굴상인 마스카롱이 부조로 장식되어 있다. 그 입에서 물이 흘러나와 두 사각기둥 사이의 수반에 떨어진다. 설치비용이 저렴한 이 모델은 학교, 병원, 시장처럼 사람이 많이 모이는 건물의 벽면에 설치되었다. 지금은 5구의 한 거리인 파리 식물원 입구 오른쪽 담장에 단 하나가 남아있다.

왈라스 샘 소형 모델

소형 모델은 누름단추가 달린 이정표 형식의 단순한 샘인데, 보통 작은 공원이나 공공 정원에서 흔히 찾아볼 수 있다. 높이는 대형의 절반, 무게는 4분의 1정도에 불과하다. 이 샘은 파리 시의 재원으로 제작 설치한 것이어서 파리 시의 문장이 새겨져 있다.

왈라스 샘을 제외하면 현재 파리에는 약 200개의 샘과 분수가 있다. 그중 절반 정도는 작동하지 않는다고 한다. 그러나 왈라스 샘은 여전히 물이 잘 나온다. 다만 물이 얼면 샘 내부의 배관이 파손될 수 있기 때문에 겨울철을 피해서 3월 15일부터 11월 15일까지만 작동한다. 파리 시가 주기적으로 점검하며 2년에 한 번씩 페인트를 새로 칠해 단장하고 있다.

파리 시는 2,000년을 맞아 왈라스 샘의 후계로 새로운 모델의 샘을 공모했다. '2,000년 샘'이라 이름 붙여진 이 샘은 노트르담 성당 앞 광장, 생미셸 광장, 14구의 가렌 광장에 각 하나씩 모두 세 개가 설치되었다. 보는 각도에 따라서 왈라스 샘의 카리아티드 이미지인 두 가지 다른 여성의 이미지를 띠고 있다. 그런데 실제로 살펴보면 이름도 디자인도 달리 보이는 이 샘을 왈라스 샘의 후계로 여기기에는 다소 무리가 있어 보였다.

오늘의 왈라스 샘과 서민적 가치

르네상스 예술에서 여성의 형상은 흔히 부드러움과 관능을 상징한다. 르네상스 예술에 열정적인 애정을 가지고 있었던 왈라스는 자신의 샘에 부드럽고 관능적인 두 어머니로서의 물과 여성을 나란히 표현했다 할 수 있다. 진주 또한 창조적인 여성성을 상징하기도 한다. 그런데 왈라스 이후에 만든 2,000년 샘에는 이런 상징이 없다고 보면, 왈라스의 콘셉트를 더 이상 따르지 않았음이 분명하다. 그런 이유인지 '2,000년 샘' 프로젝트는 곧바로 중단되었다.

왈라스 샘은 이제 에펠탑이나 몽마르트르와 마찬가지로 전형적이고 특이한 파리 풍경을 구성하는 한 요소가 되었다. 예를 들어 스토리가 전개되는 장소가 파리라는 것을 암시하려 할 때 많은 영화들이 흔히 왈라스 샘을 배경에 포함시킨다. 이런 미장센은 사람들이 왈라스 샘이 파리의 상징임을 알고 있음을 전제하기에 가능할 것이다.

영화 〈아멜리에〉에서 건물 관리인인 늙은 과부 마들렌 왈라스가 자신의 불행한 운명을 왈라스 샘에 비유한다. 한국어 자막 번역에는 생략되었지만, 실제 프랑스어 대사에는 자신이 '마들렌처럼… 아님 왈라스… 샘처럼 울고 있지.'라는 대사가 있다. 왈라스 샘에서 샘물이 멈추지 않고 계속 흐른다는 특징에 자신의 눈물을 빗댄 것이다.

20세기 전반 프랑스의 전설적인 싱어송 라이터이자 시인인 조르주 브라상스의 샹송에서도 빠지지 않았다. 그야말로 서민적인 파리 변두리의 〈선술집[Le Bistrot]〉(1960) 풍경을 그린 곡에서 그는 익살스럽게 노래한다. '모든 왈라스 샘의 물을 다 들이마시리라, 오늘 운이 없어 그녀 마음에 들지 못하면'이라고. 이렇게 보면 사랑과 낭만의 파리를 상징하는 빛의 에펠탑에 비해서 왈라스 샘은 아주 서민적인 애환이 서린 파리를 상징한다.

파리의 샘-분수들을 전체적으로 보았을 때 서민들을 위한 것이기도 했지만 대부분 왕이나 파리의 사회적 가치를 표방하고 있다. 하지만 왈라스 샘은 근본적으로 달랐다. 처음부터 전쟁으로 고통받았던 서민의 아픔을 덜어주기 위한, 특히 왈라스의 노블레스 오블리주(noblesse oblige) 정신이 오롯이 담겨있는 그야말로 서민들을 위한 샘이었고, 이제는 소박한 파리의 거리를 떠올리는 또 하나의 엠블럼이 되었다.

우아하지만 사치스럽지는 않은 카리아티드, 소박하지만 흔해 보이지는 않은 기단과 돔 장식… 왈라스 샘은 그 자체로 은근한 예술 작품과 같은 샘이다. 게다가 샘에 담겨있는 여러 이야기들은 이 샘을 문화적 깊이가 서려 있는 작품으로 만들어 주고 있다. 파리의 길거리를 산책하다가 우연히 왈라스 샘을 만나면 그냥 지나치지 말아야 한다. 그 이름과 모습과 장식에 새겨진 박애주의자 리처드 왈라스의 아름다운 사랑의 마음씨를 느껴보아야 한다.

3.

근대 산업화에 얽힌
파리와 치유

파리개조사업을 통해 문화와 예술의 나라 프랑스의 수도다운 면모를 갖춘 파리, 프랑스–프로이센 전쟁과 파리 코뮌이라는 위기와 분열을 극복한 파리, 이런 파리는 이제 근대 산업사회의 중심 도시로 발전한다. 센강을 수놓은 많은 아름다운 다리들에 벨 에포크를 맞아 파리가 새긴 또 다른 사랑의 메시지가 있다.[3] 산업화의 물결 속에서 파리 시민의 풍요와 사랑을 염원하고, 또한 노동자와 서민의 고단한 삶을 달래준 것이다.

근대와 산업화, 그리고 제국주의의 열매를 과시하기 위한 전시장이 샹드마르스Champ-de-Mars 광장의 세계박람회였다면, 이 전시장에서 가장 높이 솟아 프랑스와 파리의 존재를 과시한 것이 에펠탑이다. 에펠탑은 19

---

3   벨 에포크 Belle époque: 아름다운 시절, 좋은 시절이라는 프랑스어 표현이다. 프랑스가 정치 경제 사회 문화 기술 등 전 영역에서 발전하고 번성했던, 19세기 말부터 1914년 1차 세계대전이 발발하기 전까지의 약 30년간의 시기를 하나의 특정 시대로 지칭하는 용어이다.

세기 산업혁명을 이룩하고 넓은 식민지를 개척한 프랑스 제국주의의 자부심과 욕망의 표현이었다. 또한 시대의 첨단소재 철강으로 쌓은 프랑스의 기술력과 앞선 과학을 세계인의 눈앞에 형상화시킨 결정판이었다.

이런 에펠탑도 21세기에는 변신한다. 세계인의 아픔까지 보듬는, 아름다운 메시지를 발신하는 에펠탑이 된 것이다. 사랑과 치유의 도시 파리의 또 다른 모습을 에펠탑이 보여주고 있다.

1)

센강의 다리와 치유의 메시지

강을 끼지 않은 도시는 없다. 어느 도시든 강이 통과한
다. 라인강의 기적, 한강의 기적과 같은 표현이 이를 구
체적으로 보여준다. 특히 파리는 센강과 짝을 이루는 하
나의 커플처럼 인식되고 있다. 파리하면 센강을, 센강하
면 파리를 떠올리기 때문이다.

강은 도시의 생명이다. 강을 통해 상수와 하수를 해결
하는 것, 그리고 강을 따라 이루어진 하천 운송이 도시
의 물류를 좌우하는 것, 이 두 가지가 도시의 생존을 위
한 근본적인 요소이기 때문이다. 특히 파리가 그렇다. 물
이 귀한 석회암 지역인 파리에서 센강은 식수의 원천이
자 하수통로였다. 그리고 일 드 프랑스(île de France) 지역에
는 센강을 비롯하여 배가 다닐 수 있는 약 500km의 하천
과 운하가 있다.[4] 그 중심이 파리이다.

---

4 일 드 프랑스île de France는 파리를 중심으로 한 면적 약 12,011km²의 프랑

센강의 다리들, 에펠탑 상류   에펠탑 하류

이처럼 강과 하전과 운하가 지나는 파리이기에 곳곳에 다리가 많다. 센강에 한정해서 보자. 센강은 파리의 중심을 가로지르며 흐른다. 이에 따라 센강은 파리의 남북 지역을 자신을 기준으로 좌안과 우안으로 크게 나누어 준다. 파리의 거리를 걷다 보면 쉽게 센강으로 통하는데 그때마다 인근에서 어떤 다리든 하나는 만날 수 있다. 파리를 통과하는 센강의 길이 약 13km에 다리의 개수는 서른일곱, 그러니까 평균 350m마다 다리 하나가 있는 셈이다. 파리를 말할 때 센강의 다리들을 빼놓을 수 없는 까닭이다.

센(Seine)이라는 이름은 세카나(Sequana)라는 라틴어 이름에 기원을 두고 있다. 골족계 켈트 전설 속의 요정인 그녀의 임무는 센강의 수원인 조그만 샘을 보호하는 것이

스 행정구역이자 역사구역을 의미한다. 10세기 카페왕조에서부터 1789년 대혁명 때까지 프랑스의 왕이 직접 통치하던 직할지역이다. 파리를 비롯하여 8개의 현 département으로 구성되어 있다.

었다. 그래서인지 센강은 우리의 한강이나 낙동강처럼 폭이 넓은 큰 강은 아니다. 가장 좁은 곳이 30m, 넓어야 200m. 강을 가로지르는 다리의 길이도 당연히 길지 않다. 보통 100m 내외, 길어야 200m 정도인데 이 경우도 흔히 그 가운데 섬이 있다. 다리 전체 모습을 한눈에 볼 수 있는 규모라는 것이다. 보통 800m 이상인 우리의 한강 다리와 많이 다른 모습이다.

그런데 센강에 놓인 대부분의 다리가 대체로 아름답다는 사실이 중요하다. 다리란 사람과 차들이 지나도록 튼튼하고 안전하면 족할 텐데 아름다운 모습의 다리가 많다. 다리 자체의 형태나 외관도 개성 있지만, 또한 다양하게 꾸며져 있어서 이것저것 살펴볼거리가 많다. 다리의 이름과 주변의 장식도 많은 이야기를 담고 있다. 센강 다리에 파리가 새겨놓은 자신의 염원과 바램, 근대 산업 사회를 일군 시민과 노동자들을 보듬는 마음을 느낄 수 있다. 파리가 사랑과 치유의 도시임을 말하기 위해 센강의 다리를 빼놓을 수 없는 이유이다.

다리 이름의 다양한 유래

내가 살고 있는 도시의 다리들을 떠올려 보자. 대부분의 다리 이름이 다리가 놓인 지역 이름에서 따온 것임을 알 수 있다. 센강이 파리로 유입하는 가장 상류에 있어서 '상류 다리', 파리를 벗어나는 가장 하류에 있어서 그 이름이 '하류 다리'이다. 그르넬 다리와 베르시 다리는 지역 이름, 생루이 다리나 생미셸 다리는 성인의 이름을 따온 인근 거리 이름을 그대로 가져다 쓴 것처럼.

센강 다리의 이름들은 아주 다양한 유래를 가지고 있다. 우선 지역이나 다리가 가진 특성에서 이름을 지었다. 노트르담 대성당의 대주교관 근처라서 대주교관 다리, 옛날에 통행세를 두 푼이나 받아서 두 푼 다리, 길이가 30m밖에 안 되는 센강에서 가장 짧은 다리라서 작은 다리, 노트르담 대성당과 곧바로 통한다고 노트르담 다리, 루브르 박물관과 가까우니 예술 다리, 튈르리 궁전 옆이라서 왕궁 다리와 같이. 그리고 옛날 그 다리 위에 화폐를 교환해 주던 환전상들의 가게가 있어서 오샹주 다리[Pont au Change], 그러니까 체인지 다리와 같이 이름에 다리의 특성이 그대로 반영된 것이다.

다리가 놓인 지역의 이름이 인물의 이름이고 이를 다리 이름으로 가져와서 그런 경우도 있지만 센강 다리는 성인들의 이름 이외에도 다양한 인물의 이름을 가지고 있다. 대혁명 당시의 혁명가 미라보, 2차 대전 후 프랑스를 이끌었던 대통령 샤를 드골, 루이 14세의 재상이었던 쉴리, 화학자로서 프랑스 약학의 선구자였던 루엘, 중세 파리의 탁월했던 다리 기술자 마리, 사르트르와 함께 했던 실존주의 철학자이자 페미니스트였던 시몬 드 보봐르, 나폴레옹 휘하의 장군으로서 예나 인근 오레스테트 전투에서 전사한 드빌리 등이다. 세네갈의 대통령 레오폴드 세다르 생고르 다리와 러시아의 황제 알렉상드르 3세 다리는 외국인의 이름을 가진 경우이다.

프랑스가 승리한 전투에서 따온 이름도 많다. 중세 초기 기독교로 개종한 클로비스 왕이 라인강의 패권을 두고 다툰 독일 쾰른 인근의 톨비악 전투 승리를 기념한 톨비악 다리가 있고, 에펠탑에 닿아 있는 예나 다리와 파리 식물원과 생마르탱 운하를 이어주는 오스테를리츠 다리는 나폴레옹 집권 초기 프로이센을 물리친 대표적인 전투의 이름들이다. 알마 다리의 알마는 오늘날 우크라이나의 세바스토폴 인근에 있는 조그만 하천이다. 19세기 중엽 크림전쟁에서 프랑스가 최초로 대승한 전투가 이 하천 인근의 전투였다. 2차 세계대전 때 자유프랑스군이 리비아의 사막에 있던 전략 요충지 비르아켐의 독일군을 공격하여 거둔 승리를 기념하기 위한 비르아켐 다리도 그렇다. 중세부터 현대에 이르기까지 프랑스 바깥에서 자신들이 승리한 전투의 이름들을 센강을 따라 놓인 파리의 주요 다리에 새겨 넣었다.

센강의 다리는 정치, 외교, 과학, 기술, 종교, 철학 등 온갖 영역의 역사를 새긴 한 권의 책이라 할 수 있다.

시대와 이념에 따라 바뀐 다리의 이름과 장식

역사·문화적인 관점에서 다리의 이름이 쉬 바뀌었다는 사실에도 주목해야 한다. 나쇼날 다리를 보면 간단히 이해할 수 있다. 파리 동쪽 끝에서 오늘날 오스테를리츠 역과 우안의 바티뇰 역을 이어주는 이 다리는 1848년 2월 혁명을 기념하려고 제2 제정이 막 들어선 1853년에 지은 다리이다. 개통될 때 당연히 '나폴레옹 3세 다리'라 명명되었다. 그런데 제3 공화정이 시작된 1870년 '나쇼날'이라는 이름으로 새로이 명명되었다. 이처럼 정권이나 사회 환경이 바뀜에 따라 다리 이름이 바뀐 경우가 많으며 훨씬 다층적인 상황 요인이 숨겨져 있다.

콩코르드 광장과 국회의사당을 이어주는 콩코르드 다리가 그렇다. 다리 이름을 콩코르드 광장에서 따왔는데, 광장의 이름이 여러 번 바뀐 것처럼 다리의 이름도 그랬다. 루이 15세가 튀일리 둑과 오르세 둑을 연결하는 다리를 건설하려 했다. 재정이 문제가 되어 대혁명이 가까웠을 때야 공사를 시작할 수 있었다. 다리 건설 중 대혁명이 발발했기 때문에 무너뜨린 바스티유 감옥의 석재를 가져다 사용했다. 왕정의 상징이었던 옛 요새를 민중들이 발로 밟고 다닐 수 있도록 한 것이다. 아직 절대왕정이 그 이름으로 존재했던 대혁명 초기인 1791년, 루이 16세 다리라는 이름으로 완공하였다.

혁명이 본격적으로 진행되면서 광장 이름도 다리 이름도 혁명이라는 말을 달게 되었다. 그런데 광장의 기요틴이 파리를 피로 물들이자 공포와 적대에 쌓인 전 프랑스가 분열하였다. 이런 프랑스의 화합을 위해 광장과 다리의 이름에 이제 화합을 의미하는 콩코르드(Concorde)를 부여하였다. 그러다 왕정복고가 되자 다시 루이 16세 광장과 다리가 되었고 결국 1830년 7월 혁명 이후로 영원히 콩코르드라는 이름으로 불리고 있다.

다리는 연이은 혁명으로 얻은 대의 기관인 국회의사당과 광장을 이어준다. 또한 혁명과 관련해서 이 다리 아래의 선박 계류장에 내려가서 보아야 할 것이 있다. 다른 계류장에서는 흔히 볼 수 있는 선박을 묶기 위한 둥근 쇠고리가 없다. 바스티유 감옥 벽에 묶여 있었을 죄수들을 떠올리지 않기 위해서였다고 한다. 아무래도 이 콩코르드 다리는 광장과 마찬가지로 아주 '혁명적인' 다리라 할 수 있다.

레오폴드 세다르 생고르 인도교의 이전 이름은 솔페리노 다리였다. 제2 제정의 나폴레옹 3세가 1861년에 완공한 철교에 이 이름을 붙인 것이다. 이탈리아 원정 중

1859년 롬바르디아의 솔페리노 승리를 기념하기 위해서였다. 1961년 거룻배가 충돌하여 해체했는데 1999년에야 현재의 인도교로 다시 건설하였다.

그런데 2006년 탄생 100주년을 맞은 레오폴드 세다르 생고르의 이름을 다리의 새 이름으로 삼았다. 그는 누구일까. 프랑스의 옛 식민지 세네갈 출신으로 젊은 시절 프랑스에서 공부하였던 시인이자 작가였다. 아프리카 사람 최초로 아카데미 프랑세즈 회원이 되었고, 세네갈 독립 이전에는 프랑스 정부의 장관을 지내기도 했다. 독립한 세네갈의 초대 대통령이었던 레오폴드 세다르 생고르, 탄생 100주년을 계기 삼아 센강의 작은 다리 하나를 통해 그를 소환해낸 프랑스의 의도는 무엇이었을까. 프랑스가 아프리카의 옛 식민지 국가들을 프랑코폰 권역에 계속 묶어두려는 외교적 노력의 일환이라고 볼 수 있다.

레오폴드 세다르 생고르 다리

예나 다리도 정치적 사정이 변함에 따라 이름이, 다리의 운명까지 위태로운 상태에 놓였던 다리이다. 에펠탑에서 트로카데로를 연결하는 다리로 1814년에 완공하였다. 다리 위치가 아직 에펠탑이 서기 전이니 군신광장 다리, 혹은 군신광장에 있는 사관학교를 생각해 사관학교 다리로 그 이름을 고려했다. 나폴레옹은 결국 1806년 프러시아를 상대로 승리한 예나 전투를 기념하기로 결정하였다.

나폴레옹이 폐위된 이후가 문제였다. 1815년 프러시아가 파리를 점령했을 때 점령군 총사령관 블뤼허[maréchal Blücher]는 나폴레옹이 자신들에게 준 수치스러운 패배를 떠올리는 이 다리를 파괴하려 했다. 루이 18세를 비롯한 고위 정치인들이 프러시아의 황제까지 설득하였지만 정작 점령군 사령관은 뜻을 굽히지 않았다. 이에 황제 알렉상드르가 야만적인 파괴 행위를 멈추게 하러 다리로 직접 나가겠다고 엄포를 놓았다.

이렇게 다리는 살아남았지만 그 대신 이름을 사관학교 다리로 바꿔야 했다. 교각에 있던 독수리 문양도 제거해야 했다. 155m의 길이에 28m의 무지개 아치 다섯 개로 이루어진 다리교각 팀파눔에 새겨진 문양장식이었다. 나폴레옹이 자신의 제국을 상징하는 독수리 문양을 교각에 새기게 했다.

예나 다리

　다리의 이름과 장식이 복원된 것은 1830년 7월 왕정의 루이 필립 때이다. 시간이 흘러 제2 제정을 연 나폴레옹 3세는 1853년 다리 양쪽 입구 네 곳에 기마병 조각상을 세웠다. 좌안에는 골족의 기병과 로마의 기병, 우안에는 아랍의 기병과 그리스의 기병이다. 기마병 석상과 교각 팀파눔에 새긴 독수리 문장을 통해 자신의 제 2제정이 나폴레옹 1세의 제1 제정을 이은 정통 후계임을 선언하고 싶었던 것이다.

　파괴의 위기에까지 내몰리며 국제적인 신경전을 벌였고 복잡한 외교적 갈등을 빚은 예나 다리는 세상의 권력에 따라 다리의 이름과 장식이 이리저리 바뀐 아주 구체적인 경우를 보여주고 있다. 다리가 함의하는 상징성 혹은 그 사회가 지향하는 가치 표현의 기능이 그만큼 크다는 사실을 보여주는 일화이다.

골족의 기병

전투의 이름을 딴 예나 다리에 전쟁을 상징하는 기병의 동상들이 장식된 것처럼 앵발리드 다리도, 알마 다리도 그렇다. 앵발리드 다리의 이름은 다리가 이어지는 좌안의 앵발리드 광장과 앵발리드 병원의 이름과 동일하다. 프랑스어로 앵발리드(invalides)는 부상자, 장애인이라는 의미이다. 병원과 광장의 이름이 앵발리드가 된 이유가 있다. 17세기 후반 자신이 치른 빈번했던 전쟁에서 부상당한 군인들을 치료하고 간호하기 위해 루이 14세가 지었던 병원 이름에서 유래한 것이다.

　19세기 초 최초의 앵발리드 다리의 위치는 지금의 알렉상드르 3세 다리 자리였다. 그 당시 기술로서는 혁신적이었던 현수교를 시공하려 했다. 중간에 교각 없이 센강을 가로지르는 다리가 최초로 시도된 것이다. 그러나 균열과 붕괴로 개통 전에 허물어야 하는 비운을 겪었다.

　위치를 조금 하류로 옮겨 새로운 다리를 건설한다. 애초 다리의 위치에 불만이 컸던 앵발리드 관계자들의 의견을 받아들인 것이다. 앵발리드 병원이 마주 보이는 위치에 교각이 두 개 있는 현수교였다. 그러나 이 다리도 빨리 노후 되어 1850년에는 통행이 제한되었다. 1855년 세계박람회를 맞아 이를 허물고 새로운 다리를 짓게 되는데, 기존의 두 교각 중간에 하나를 추가하여 석재아치 다리를 놓은 것이 지금의 앵발리드 다리이다.

　알레고리로 표현된 조각품이 새로 세운 중앙교각의 상류와 하류 양쪽에 장식되어 있다. 상류 쪽에 있는 여신상은 육군의 승리를 의미한다. 독수리 날개가 달려있고 오른손에는 골족의 무기인 도끼를 들고 있다. 하류 쪽에는 해군의 승리를 나타내는 여신상을 세웠다. 역시 독수리 날개와 함께 깃털 모양의 노를 들고 있다. 그리고 원래 있었던 양쪽 두 교각에는 황제의 군대를 상징하는 문장이 새겨져 있다.

앵발리드 다리가 군대의 병원 이름에서 유래한 다리니까 다리가 있는 지역의 특성을 드러내 주는 군대 관련 동상이 그 이름과 어울리는 셈이다. 크림 전쟁 때 승리한 알마 전투를 기념하기 위한 알마 다리도 그렇다. 19세기 중반 남하하는 러시아와 이를 막으려는 프랑스, 영국, 오스만 제국 연합의 갈등이 크림전쟁이라면, 그중 알마 전투는 이 전쟁 최초의 대형 전투였다. 특히 프랑스 식민지의 북아프리카 군이 연합군 승리에 결정적인 역할을 했다. 제3 제국의 전성기였던 이 시기 나폴레옹 3세가 1856년 다리의 개통 테이프를 끊었고 다리 이름도 알마 다리로 지었다.

1900년 세계박람회 때는 좁은 다리에 임시 인도교를 덧붙였고, 세월과 함께 침강하여 1974년 지금의 다리로 완전히 새로 지었다. 옛 다리의 교각에는 크림전쟁 영웅들의 조각상이 있었는데 새로 지은 다리에는 하나만 남기고 모두 다른 곳으로 옮겼다.

현재 알마 다리에 남아있는 주아브 군의 석상을 보면 전형적인 북아프리카 주둔군 보병의 군복임을 알 수 있다. 뒤로 걸쳐 쓴 터키식 모자, 단추 없는 짧은 상의에 넓은 천 허리띠, 부풀려진 바지와 발목 부분의 각반, 양쪽 어깨 뒤로 망토를 걸친 군복차림은 석상의 인물이 북아프리카 주둔군임을 그대로 말해준다. 옛 다리의 교각을 장

식했던 엽총보병은 뱅센 숲에, 척탄병은 디종에, 포병은
라페르(La Fère)라는 파리 동북쪽 작은 도시로 옮겼다. 다른
석상들은 모두 옮기고 오직 주아브 군 석상만 남긴 것은
무슨 까닭일까. 당시 제국 프랑스의 모습을 보여주면서
또한 프랑스는 지금도 북아프리카, 마그레브를 기억하고
있다는 외교적 메시지의 발신이라고 읽을 수 있다.

알마 다리의 주아브 군 석상 / 위키피디아

메시지를 발신하는 센강의 다리들

사회정치적 가치가 바뀜에 따라 다리의 이름과 장식이
바뀐 이유를 생각해 본다. 다리는 단순한 교통시설물일
뿐만 아니라 사회전체적인 메시지를 발신하는 기능을 가

지고 있다. 특히 파리 같은 대도시의 다리는 모두에게 일상생활의 필수공공재이다. 위정자가 원하는 메시지를 다른 시설이 아닌 다리를 통해 표방했을 때 시민 모두가 그 메시지를 접할 수밖에 없을 것이다.

센강에는 다리 자체가 아니라 모두가 더욱 잘 볼 수 있도록 다리 위로 높게 혹은 다리 입구나 인근에 높은 대를 세우고 석상을 설치한 다리들도 여럿 있다. 투르넬 다리가 그렇다. 시테섬 동쪽 생루이 섬에서 좌안 5구로 연결되는 다리, 그러니까 중세시대 파리의 동쪽 끝 경계에 있는 다리이다. 12세기 필립 오귀스트 왕 시절 센강 동쪽에서 파리의 경계를 나타내는 '작은 탑[투르넬tournelle]'이 여기에 있었기 때문에 이런 이름이 붙었다. 17세기 중엽 홍수로 무너진 나무다리를 돌다리로 새로 놓았고 돌다리는 1918년까지 건재했다. 1930년 다리를 새로 건설했는데, 좌안 동쪽에 있는 15m 탑 위에 성녀 주느비에브의 석상을 설치했다.

성녀 주느비에브가 누구인가. 파리의 수호성녀다. 이야기는 중세로 거슬러 올라간다. 5세기 중엽의 파리였던 센강 한복판의 시테섬에 소문이 돌았다. 훈족을 이끄는 아틸라라는 무지막지한 전사가 곧 침입할 것이라고. 싸움을 잘할 뿐만 아니라 매우 잔인하다는 소문이 당시 유럽대륙에 널리 퍼져있었다. 아틸라가 저 멀리에 도달했

다는 소문만 듣고도 시테섬과 인근에 살던 뤼테스 사람
들은 공포에 질려 도망가려고 했다. 그때 스물여덟 살의
주느비에브라는 한 아가씨가 도망가려는 주민들을 설득
하고 그들 모두를 시테섬으로 피난시킨다.

투르넬 다리와 성녀 주느비에브 석상 / 위키피디아

이들을 안심시킨 주느비에브는 섬 둘레에 방어선과 높
은 성문을 쌓도록 독려했다. 또 군사요새와 백성들을 위
한 대규모 건물도 짓도록 했다. 마침내 어려운 시기가 지
나갔고, 후에 주느비에브는 성녀로 추앙되었다. 노트르

담 대성당의 스테인드글라스에도 일대기와 그녀가 행한 여러 기적들이 꼼꼼히 묘사되어 있다. 이후의 국가적 신격화는 국립묘지가 된 파리 팡테옹(Panthéon)에 가보면 잘 그려져 있다. 파리를 지키는 수호신은 영원히 성녀 주느비에브라는 의미이다.

이런 성녀 주느비에브가 센강의 다리에도 서 있는 것이다. 뚜르넬 다리의 높은 탑 위의 석상이 그것이다. 주느비에브가 어린소녀를 자신의 몸에 기대어 감싸고 있다. 높아서 맨눈으로는 선명하게 보이지 않지만 소녀는 가슴에 무언가를 소중하게 꼭 껴안고 있다. 고대부터 파리를 상징하는 조그만 돛단배다.

석상의 작가인 란도브스키는 주느비에브가 성녀인 까닭에 이 석상을 노트르담 대성당을 향한 서쪽 방향으로 세우려 했다. 그런데 파리시는 아틸라 이후 모든 침략자가 동쪽에서 왔기 때문에 석상의 방향을 동쪽으로 결정했다. 작가가 크게 반발했음은 물론이다. 당시 파리시의 위정자들이 1차 대전과 2차 대전 사이 독일에서 광풍을 휘몰아치던 히틀러를 프랑스의 위협으로 생각했다. 1,500년 전의 수호성인을 통해 20세기의 외적으로부터 파리를 지키고자 하는 염원을 담은 것이다.

외교적인 문제 때문에 다리를 장식하는 동상의 방향이 바뀐 경우도 있다. 그르넬 다리에 있는 자유의 여신상이다. 19세기 초부터 다리가 있던 자리에 1968년 새롭게 놓은 그르넬 다리는 15구와 16구를 연결한다. 백조 섬 하류에 걸쳐 있는 85m 금속 대들보 두 개로 이루어져 있다.

이 다리 중간에서 백조 섬으로 내려가면 서쪽 끝에 자유의 여신상이 있다. 뉴욕 자유의 여신상과 모습이 동일한 축소 모형이다. 뉴욕 여신상의 높이가 46m임에 반해 파리 여신상의 높이는 11m이다. 1876년 미국독립 100주년을 기념하기 위해 프랑스 국민들은 자신들의 모금으로 자유의 여신상을 만들어 뉴욕에 증정하였다. 13년이 지나 프랑스 혁명 100주년을 맞았을 때 이번에는 뉴욕에 사는 프랑스 사람들이 축소한 모형을 조국의 파리에 증정하였다.

그르넬 다리와 자유의 여신상

처음 이 동상이 바라본 방향은 에펠탑 쪽 그러니까 엘리제궁을 향한 동쪽이었다. 이는 서쪽에 있는 미국에 등을 돌린 방향이다. 뉴욕 자유의 여신상을 계획하고 설치한 조각가 바르톨디가 불만을 표했다. 이런 까닭에 1937년 세계박람회를 맞아 센강 하류 쪽 그러니까 미국을 향한 서쪽으로 방향을 바꾸어 놓았던 것이다. 여신상이 왼손에 들고 있는 현판에는 '1776년 7월 4일 = 1789년 7월 14일'이라 새겨져 있다. 미국독립과 프랑스혁명은 같은 역사, 동일한 가치라는 것이고 그래서 마주 보아야 한다는 것이었다.

동상의 방향이 중요한 것은 이처럼 동상이 담고 있는 상징성이 크기 때문일 것이다. 우리나라에도 이런 경우가 있었다. 박정희 대통령은 자주 경주를 찾았다. 황성공원에 서있는 김유신 장군 기마상을 우연히 보았는데, 그 방향이 동남쪽이었다. 방향을 바꾸라 지시한다. 동상을 더 웅장하게 다시 만들고 서북쪽을 향하게 했다. 한국의 주적은 더 이상 동쪽의 일본이 아니라 이제는 북한이라는 것이 이유였다. 동상의 방향이 사회정치적 이념을 반영한 우리나라의 사례다.

알렉상드르 3세 다리와 벨 에포크

알렉상드르 3세 다리

센강에 놓인 다리 중에서 치장과 장식이 가장 현란하며 조각과 동상이 가장 많은 다리는 알렉상드르 3세 다리이다. 다리의 근본적인 쓰임이 실용과 안전임을 생각하면 장식과 조각과 동상이 많은 이 다리는 그 만큼 많은 메시지를 담고 있으리라 짐작할 수 있다.

에펠탑을 세운 1889년 세계박람회 이후 벨 에포크의 한가운데인 1900년 파리는 또 한 번 세계박람회를 유치한다. 박람회를 앞두고 다리 인근에 세워진 그랑, 쁘띠 팔레 두 전시장의 교통을 위해 새로운 다리가 필요했다. 앵발리드와 그랑 쁘띠 팔레를 연결하는 이 다리는 파리한 가운데를 관통한다. 그래서 건설에 조건이 있었다. 샹젤리제에서 볼 때 앵발리드가 가리지 않도록 다리가 낮을 것, 그렇지만 선박 통행이 방해받지도 않을 것. 그래서 수면에서 다리까지 높이가 센강에서 가장 최근에 만들어진 다리의 높이를 유지해야 했다.

또한 이 다리는 프랑스와 러시아의 우호를 상징하는 다리이다. 프랑스는 1894년 러시아와 동맹을 맺었다. 독일제국, 오스트리아-헝가리제국, 이탈리아 왕국이 1882년에 맺은 삼국 동맹에 대항하기 위해서였다. 비스마르크가 물러난 독일 내부의 정치상황과 대외정책이 바뀌면서, 우방을 잃은 러시아가 새로이 찾은 파트너가 프랑스였던 것이다. 이때 러시아의 황제가 알렉상드르 3세였다.

다리의 초석은 그의 아들 차르 니콜라스 2세가 놓았다. 두 나라 사이의 우호는 또한 상트페테르부르크의 네바 강에 1903년 건설된 성삼위일체 다리로 한 번 더 강조되었다. 이 다리 또한 전체적인 모습과 구조, 가로등을 비롯한 여러 장식이 알렉상드르 3세 다리와 매우 흡사하다.

알렉상드르 3세 다리는 너비 40m의 철강 다리이다. 세 부분으로 구성되었지만 107m라는 긴 길이의 중앙 아치 하나로 센강을 가로지른 것이 특징이다. 수평의 단일 아치가 짓누르는 엄청난 무게를 양 측면에서 받아내기 위해 전례 없는 기초가 필요했다. 그래서 에펠탑의 센강 쪽 기초 공사와 같이 잠함潛函을 이용해 엄청난 양의 콘크리트 기초를 놓았다. 이런 공법은 공사를 맡은 기술자들이 바로 이태 전 미라보 다리의 기초 공사에서 이미 사용해본 공법이었다. 다리 네 모퉁이에 있는 탑의 기초는 다리의 기초와는 분리되어 있고, 탑은 다리의 구조와 관계없이 완전히 장식을 위한 것일 뿐이다.

다리 상판 하부 철골 구조 / 위키피디아

벨 에포크 최전성기인 1900년 세계박람회와 러시아와의 우호를 목적으로 하였기에 이 다리의 장식은 현란하다. 다리 건설에서 구조 파트와 장식 파트가 완전히 분리되어 작업하였는데, 장식 파트의 작품 특성은 특히 세계박람회와 관련하여 도시적인 취향으로 방향을 잡았다. 장식이 아주 풍성하였기 때문에 구조를 맡았던 기술자가 불만을 크게 털어놓을 정도였다. 다리의 장식이 지나치게 현란하다고 본 오늘날 우리가 틀리지 않은 셈이다.

오페라 가르니에의 조명기구를 만든 회사가 다리에 있는 서른두 개의 거대한 청동 가로등을 만들었다. 다리의 네 모퉁이에 있는 탑 위에는 여신상이 있다. 우안 상류

쪽은 예술의 여신, 하류 쪽은 과학의 여신, 좌안 상류 쪽
은 전투의 여신, 하류는 페가수스를 타고 있는 전쟁의 여
신이다. 이런 주제를 모두 알레고리 조각상으로 표현한
것이다.

또한 각 탑 아래 부분에는 프랑스의 시대별 주제가 부
조 조각으로 새겨져 있다. 우안 상류에는 중세시대, 좌안
상류에는 르네상스 시대, 좌안 하류에는 루이 14세 시대,
그리고 우안 하류에는 현대의 프랑스를 나타내는 알레고
리의 여신상이다. 다리 양쪽 입구에는 아이들이 이끄는
사자상이 있고, 다리 난간을 따라 다양한 조각품들을 볼
수 있다. 가로등을 중심으로 춤을 추고 있는 연인들, 물
고기나 조개껍데기를 들고 있는 네 명의 정령들은 정말
아름다워서 인근 오르세 미술관의 조각 작품을 이 다리
에 옮겨 전시하고 있다는 착각이 들 정도이다.

가로등과 정령

다리 바깥 강으로 향해 있는 아주 상징적인 장식이 있다. 바로 다리의 한 가운데 지점, 아치의 반쪽이 중앙에서 합쳐지는 접합 부분을 장식하고 있는 부조 조각품이다. 상류 쪽은 러시아의 무기를 들고 있는 상트페테르부르크 네바 강의 요정들을 새긴 것이다. 이 도시를 상징하는 황금빛 문장이 그 가운데 새겨져 있다. 하류 쪽은 파리의 무기를 들고 있는 센강의 요정들이다. 요정들 사이에 파리시를 상징하는 황금색 배가 빛나고 있다.

센강의 요정들과 파리시 문장

다리의 접합 부분을 이렇게 아름답게 장식한 이유를 생각해 본다. 이 지점은 다리의 정중앙에서 아치의 반쪽 두 개가 서로 만나 가운데서 하나로 결합되는 지점이다. 다리를 지탱하기 위해 구조 공학적으로 가장 중요한 부분이 바로 이 연결 부분이다. 그러니까 프랑스와 러시아 간의 우호 동맹이 상징적으로 드러나는 지점이라는 것이다.

철강 아치의 외부는 일련의 마스카롱과 끈 장식으로 꾸며져 있다. 이들은 수직의 연결 기둥을 부드러운 포물선으로 이어주고 있어 다리 전체에 연속적인 곡선의 리듬을 더해준다. 웅장한 다리에 매우 역동적인 생동감을 불어 넣어주고 있다.

마스카롱과 끈 장식

알렉상드르 3세라는 다리의 이름과 아치 중앙의 장식은 러시아와의 굳건한 동맹과 우호를 지향한다는 당시 프랑스의 외교 노선을 반영하고 있다. 그리고 높은 네 탑 위에 설치된 예술과 과학, 전투와 전쟁을 표현한 알레고리 여신상들, 그 아래 프랑스의 역사를 시대별로 새긴 부조 조각들, 난간을 치장하고 있는 조각품들과 가로등과 장식들은 세계박람회를 맞아 세계에 프랑스를 전시하고 자랑하려는 의도를 드러내기 위한 것이다. 다리가 건설된 1900년, 제국주의의 정점에 서있던 프랑스의 영광과 자부심, 풍요와 번영이 잘 구현된 다리, 센강 다리에 새겨 놓은 프랑스 벨 에포크 시대의 찬란한 증거이다.

위로, 감사, 염원의 메시지

사회정치적 이념과 같은 거대담론 이외에도 센강의 다리들에는 또 다른 메시지가 새겨져 있다. 파리의 번영과 시민들의 풍요를 기원하는, 그리고 힘든 노동자와 서민을 위한 소박한 메시지가 그것이다. 먼저 시테섬 서쪽 끝을 걸치며 파리의 남북을 잇고 있는 퐁네프는 다리가 일반적으로 보여줄 수 있는 가장 기본적인 염원을 담고 있다.

퐁네프Pont Neuf라는 이름은 '새로운 다리'라는 뜻이다. 이름만 보면 아주 최근의 다리라 착각할 수 있다. 17세기가 동틀 무렵 센강에 제대로 된 다리가 하나도 없을 때 처음 놓은 다리, 가장 먼저 놓은 다리이므로 '새로운 다리', 퐁네프로 불린 것이다. 지금 파리에 존재하는 다리 중에서는 가장 오래되었다는 의미이다. 중세풍을 느낄 수 있는 이 다리는 앙리 4세에 대한 종교적인 분쟁으로 인하여 건설에 30년이 걸렸고, 1607년에야 완공되었다. 1889년 역사 유산으로, 1991년 유네스코 세계유산으로 등재되었다.

퐁네프

'새로운 다리'의 새로운 면모는 여러 가지다. 모든 다리들이 나무다리였던 이때 최초로 석재로 지은 다리가 퐁네프였다. 238m의 길이는 파리의 다리 중에서 가장 길었으며, 지금도 세 번째로 길다. 인구 밀도가 높았던 이 시대 파리에는 공간을 확보하기 위하여 다리 위에도 집을 지었고 가게를 내어 장사도 했다. 그런데 퐁네프에는 사람이 살지 못하게 했다. 집 대신 인도가 설치되어 진흙과 말들로부터 사람들이 안전하게 걸을 수 있었다. 교각 위에 반원형 발코니가 마련되었는데 그곳에서만 가게를 낼 수 있었다.

퐁네프의 반원형 발코니

다리의 장식으로 난간 아래 가장자리에 모두 384개의 마스카롱을 볼 수 있다. 나쁜 기운이 다리에 해 끼치는 것을 막기 위한 장식으로서 주술적인 부적과 같다. 건축에서 흔히 아치 중앙돌이나 창문의 상인방, 건축물 난간 처마의 지지대를 장식하고 있는 마스카롱의 전통은 고대 그리스 신화에까지 소급된다. 사람의 얼굴 마스크를 의미하는 이런 마스카롱은 유럽의 건물에서 흔히 만날 수 있다.

다리 난간을 지탱하기 위한 지지대 아래에 장식된 퐁네프의 마스카롱은 표정이 우스꽝스럽고 기괴한 것이 특징이다. 당시에는 홍수와 빙하 때문에 다리가 부서지거나, 다리 위에 집들이 빼곡했기 때문에 다리가 화재로 소실되는 경우가 빈번했다. 이런 재앙으로부터 다리를 지키고자하는 전통적인 주술장식이라고 하겠는데, 384개 중 동일한 표정은 하나도 없다고 한다. 이처럼 퐁네프의 마스카롱은 옛날 다리가 드물었을 때 다리의 안전을 기원하는 주술적인 소박한 염원을 담고 있다.

퐁네프의 마스카롱

다리가 걸쳐있는 시테섬 가운데에는 앙리 4세의 기마상이 있다. 앙리 4세의 아내인 마리 드 메디치가 세웠다. 미켈란젤로가 세운 로마 카피톨 광장의 아우렐리우스 기마상을 보고 파리 한복판 거리에서 암살당한 자신의 남편을 위한 청동기마상 건립을 생각하게 된 것이다. 대혁명 때는 대포를 만들기 위해 기마상을 녹였고, 지금의 기마상은 왕정복고 때인 1818년 루이 18세가 복원한 것이다. 정치 체제에 따라서 다리 장식이 제거되었다 복원된 경우이다.

퐁네프, 앙리 4세 기마상

　앙리 4세의 동상을 정치적인 장식으로 볼 수도 있을 것이다. 그러나 종교전쟁의 광풍으로 분열된 프랑스를 통합하고 프랑스의 발전을 이끌었던 앙리 4세. 일요일마다 백성들이 닭고기를 먹게 하겠다는 소원을 실현시킨 앙리 4세가 아닌가. 역사가 그에게 부여하는 상징성을 감안하면 퐁네프에 놓인 그의 청동기마상은 정치적인 장식이 아니라 프랑스의 통합과 백성들의 풍요에 관한 소박한 염원으로 읽을 수 있다.

　카루젤 다리는 다리 자체가 아닌 출입구에 세운 동상으로 파리의 번영과 풍요를 기원하는 다리이다. 1834년 처음 다리를 지을 때의 이름은 '성부(聖父)들의 다리'였다. '성부들의 거리'와 거의 연장선에 있기 때문이었다. 우안의 루브르 궁전과 맞닿아 있어서 루브르 다리라 불리기도 했다.

철재로 지어진 다리였지만 20세기가 되자 목재 부분이 상했고 많이 흔들렸다. 또한 센강에 물동량이 점점 많아지자 다리의 낮은 높이가 선박 통행에 장애가 되었다. 이를 개선하기 위해 1939년 새로 지은 다리가 지금의 다리인데, 시멘트 다리인 때문에 아름답다거나 건축적인 외관상의 특징을 가지고 있지는 않다.

카루젤 다리

그러나 다리의 양쪽 입구 네 군데를 장식하고 있는 네 개의 석상들은 처음 다리가 놓인 시대, 파리가 이 다리에 담았던 염원을 지금도 그대로 보여주고 있다. 1845년 루이 쁘띠또의 작품을 설치했는데 각각 풍요, 산업, 센강, 파리시를 의미하는 알레고리의 여신상이다. 이 무렵이 산업혁명이 한참 진행되고 있던 시기였음을 감안하고 보아야겠다. 석상 양옆으로 조금 떨어져 서있는 가로등은 그 모습이 센강을 항해하는 배들의 안전을 위한 등대와 비슷한 모습이다.

우안 상류의 여신상을 보면 왼손에 큰 망치를 들고 있다. 오른손에는 헤르메스의 지팡이인 뱀 두 마리가 올리브 나무 지팡이를 감고 있는 케뤼케이온을 들고 있다. 지팡이의 상징을 생각하면 이 석상은 상업의 발전을 기원한다는 의미이다. 골족의 모자를 쓰고 있는 석상이므로 바로 프랑스가 이런 기원의 주체라는 뜻이다.

머리에 월계관을 쓴 여신이 왼쪽 무릎 위에 놓인 보석상자를 잡고 있는 여신상은 우안 하류에 있다. 여신이 앉아있는 의자 오른쪽 뒤편에는 리라 같은 악기가 놓여있다. 오른팔 위쪽에는 포도송이가 주렁주렁한 띠처럼 매달려 있다. 승리의 시간에 음악과 풍성한 과일과 보화가 가득한 모습이다. 그야말로 풍요를 상징하는 것들이다.

좌안 상류의 여신상은 파리를 상징하고 있다. 머리에 쓰고 있는 관이 도시를 상징하는 성곽이기 때문이다. 여신상이 앉아있는 좌대의 왼쪽을 보면 선박의 머리이다. 고대부터 파리를 상징하는 문장이 센강에서 상업을 하던 돛단배이기에 이 여신상은 확실하게 파리의 여신상임을 알 수 있다. 여신상이 왼손에 세워 잡고 있는 긴 칼은 파리를 지키겠다는 의지를 담았다고 하겠다. 외부로부터 내부를 지키는 경계가 도시의 근본적인 의미임을 볼 수 있다.

왼손으로 항아리를 기울여 물을 쏟아내고 있는 장식은 좌안 하류의 여신상이 센강의 여신상임을 말해 준다. 그리 넓고 깊은 강이 아닌 센강에 언제나 수량이 풍부하기를 바라는 염원의 표현이다. 센강에 배들이 언제나 쉬 지나다니기를 바라는 마음도 담았다. 오른손에 들린 노가 이를 말하고 있다.

카루젤 다리, 등대 모양의 가로등과 센강의 여신상

센강의 다리에는 이처럼 파리의 발전과 풍요를 염원하는 모티프들이 군데군데 장식되어 있다. 아주 구체적인 예를 앞서 다리 이름의 유래에서 잠시 언급한 비르아켕 다리[pont de Bir-Hakeim]에서 볼 수 있다. 15구의 그르넬 구역과 16구의 뮈에뜨 구역을 연결하기 위해 1905년에 지었다. 위치는 백조의 섬 동쪽, 상류 끝 지점이다.

비르아켐 다리 / 위키피디아

1878년 세계박람회를 계기로 '파시(Passy)'라는 이름의 인도교가 백조 섬을 지나가는 지금 자리에 세워졌다. 1905년 1층으로는 사람과 자동차, 2층으로는 전철 통행이 가능한 철교로 새로 지었다. 이때 두 그룹의 청동상을 석재 교각에 장식했는데 그 주제는 뱃사람들과 대장장이들이다.

뱃사람들은 그물, 작살, 밧줄, 돛, 튜브 등을 가지고 있고, 복판에 파리시의 문장인 돛단배를 감싸고 있다. 철강산업을 상징하는 대장장이들은 정확히 보면 리벳을 박는 사람들인데, 이들 역시 가운데는 프랑스 공화국의 문장을 감싸고 있다. 다리의 다른 교각에도 똑같은 청동상들이 장식되어 있다. 프랑스의 산업과 무역에 가치를 둔, 시대정신의 표현이자 이런 시대정신을 떠맡았던 근로자들에 대한 오마주이다.

비르아켐 다리, 대장장이들

뱃사람들

백조의 섬과 다리가 교차하는 지점인 다리 중앙 1층과 2층 사이의 석재 아치에서 또 다른 장식을 볼 수 있다. 상류 쪽에는 과학과 근로를 나타내는 부조가, 하류 쪽에는 전기와 상업을 상징하는 부조가 아치를 장식하고 있다. 미라보 다리의 네 청동상을 조각한 작가인 앵장베르의 작품인데 가까이서 관찰해보면 그 의미를 쉽게 읽을 수 있다.

아치 왼쪽 팀파늄의 여인상은 서판을 보며 무언가를 깊게 생각하는 모습인데, 왼손 끝 아래를 보면 컴퍼스를 들고 있다. 과학을 상징하는 알레고리상이라 할 수 있다. 오른쪽의 알레고리상은 근로, 특히 공업과 관련된 근로를 상징한다. 왼손에 망치를 들고 있으며, 오른쪽 팔 밑으로 기계에 사용되는 톱니바퀴가 보이기 때문이다. 무언가 굵은 두 선을 연결하려 하는 하류 쪽 왼쪽 팀파눔의 여인상은 전기를 상징한다. 오른쪽 위에는 카루젤 다리 석상에서 본 헤르메스의 지팡이가 장식되어 있다. 그렇다면 이 알레고리 부조는 상업의 신인 헤르메스라고 할 수 있겠다.

하류 쪽, 전기의 여신과 상업의 신 헤르메스

아치의 가장 중요한 부분인 열쇠 돌에 케뤼케이온이 새겨져 있다. 지팡이는 그 끝에 날개와 지구를 달고 있는 헤르메스의 지팡이다. 이 아치의 모든 것이 상징하는 것이 결국 풍요이다. 그 위로 염원의 주체이자 동시에 염원의 대상인 파리시의 문장이 솟아 있다. 다리 하나를 건설하면서 산업과 어업과 항해, 과학과 근로, 상업과 전기 등을 통해 세계로 나아가려 했던 20세기 초 프랑스의 염원을 표현했다. 근대적 시대 가치를 추구하는 파리의 모습, 이를 위해 애쓰는 노동자에 대한 오마주가 그대로 새겨진 이 다리는 1986년 프랑스의 역사 기념물로 지정되었다.

한 편의 시가 된 미라보 다리

사회정치적 이념 같은 거대 담론이 아니라 근대와 함께 도래한 산업화 시대의 노동자와 서민을 기리고, 산업의 융성과 풍요를 염원하는 파리라는 도시의 마음이 새겨진 다리들을 보았다. 국민을 먹여 살리는 산업과 과학을, 파리라는 도시가 시민을 지키겠다는 의지를, 그 중심 영토인 센강에 언제나 물이 풍부하기를 바라는 기원을 담고 있었다. 여기에 한 편의 시가 되어 세상의 모든 이별한 연인들의 마음까지 달래주는 다리를 보탤 수 있다.

미라보 다리는 다리 자체는 물론이고 그 장식도 아름다운 다리이다. 15구 자벨 지역과 16구 오떼유 지역을 연결하는 이 다리는 건축적 아름다움과 장식으로 역사 유산에 등재되었다. 대혁명 때 백성들 편에 섰던 귀족의 이름 미라보에서 따온 우안 쪽 거리 이름이 다리 이름이 되었다.

미라보 다리

　미라보 다리는 중앙 아치 길이가 93m, 측면의 두 아치가 32m로 구성되었다. 건설 당시 단일 다리의 아치 길이가 가장 길고 또한 수면 위 높이도 가장 높았다. 아치가 넓어 배들이 쉽게 지나갈 수 있다. 수심이 6m 정도로 깊어서 강 가운데에 석조아치를 건설하기가 불가능했고, 그래서 교각을 강변 쪽으로 근접 시공할 수밖에 없었기 때문이었다. 강변에 근접한 교각의 기초라 해도 그 깊이가 20m에 이른다.

　장 레잘과 아메데 알비가 건설을 맡아 1896년에 완성한 이 다리는 결국 알렉상드르 3세 다리 건설의 예비 작업인 셈이 되었다. 몇 년 후 이들이 드빌리 인도교와 알렉상드르 3세 다리도 지었기 때문이다. 이 세 다리 모두 뛰어난 기술력과 건축적인 대담함, 그리고 다리의 우아함에 있어 걸작으로 평가받고 있다.

드빌리 인도교

쉘부르의 화강암과 석회암으로 감싼 다리의 교각을 항해하는 배가 장식하고 있다. 우안의 배는 센강 하류로 내려가고 좌안의 배는 상류로 거슬러 올라간다. 네 명의 청동 여신상이 이 배에 타고 있다. 뱃머리에 있는 두 여신상인 파리의 여신상과 풍요의 여신상은 강을 향해 있으며, 항해의 여신상과 상업의 여신상은 다리에 얼굴을 면하고 있다. 그러니까 각각 배의 앞과 뒤, 뱃머리와 선미로 한 쌍이다.

좀 자세히 보자. 우안 하류 방향 뱃머리에 있는 동상이 파리의 여신이다. 파리를 떠나 하류를 향해 항해를 떠나고 있다. 그런데 파리의 여신이 들고 있는 것은 프랑스의 상징인 골족의 도끼이다. 예쁜 얼굴의 여신이 들고 있는 도끼, 부드럽지만 강한 파리의 모습을 형상화한 것이다.

반대쪽 좌안 교각의 여신은 상업의 여신이다. 밧줄이 달린 고래작살을 힘차게 누르고 있고, 시선은 하늘을 향하고 있다. 당시의 원양 어업을 강조하는 것처럼 보인다. 이 상업의 여신이 선미에서 밀어주고 있는 여신이 좌안 상류 방향 뱃머리에 있는 풍요의 여신이다. 제3 공화국 시절, 벨 에포크의 풍요를 소리 높여 울리고 있는 트럼펫을 통해 잘 형상화되어 있다. 오른손으로는 배의 방향타를 잡고 있다.

미라보 다리, 파리의 여신   상업의 여신

다리 반대쪽 우안 교각 위에 항해의 여신이 있는데, 뱃머리 쪽 파리의 여신 뒤편이다. 배도 전형적인 파리의 배를 재현한 것으로서, 한 손으로는 방향타를 잡고 다른 한 손으로는 황금 횃불을 들어 길을 밝히고 있다. 하류 쪽 바다를 향해 항해를 떠나는 뱃머리의 파리시 여신에게 길을 안내하고 있다.

파리와 항해의 여신이 우안 쪽 교각에서 한 쌍을 이루

고, 좌안 쪽에서는 풍요와 상업의 여신이 한 쌍을 이루고 있다. 이들 알레고리 여신상들이 상징하는 것들을 보아야 한다. 파리, 항해, 상업, 풍요라는 알레고리 여신상들의 주제는 앞서 다른 다리들에서 보았던 여러 석상과 그 주제가 유사한 맥락이다. 특히 미라보 다리가 있는 지역은 서민들이 사는 지역이었고, 공장 지역이었다. 이를 토대로 파리라는 도시가 항해를 통한 무역으로 상업을 하고, 이를 통해 풍요를 구가한다는 바램을 표현한 것이라 해석할 수 있을 것이다.

미라보 다리, 풍요의 여신   항해의 여신

움직임이 강조된 이 청동상들은 다리의 모더니즘적인 구조가 보여주는 엄격한 기하학적 형태와 대비된다. 강철을 재료로 한 덕분에 얻을 수 있는 가볍고도 과감한 다리의 외관에 어떤 무게를, 움직임을 보태고 있는 것이다.

조각가가 시도한 것은 정적인 다리의 건축과 동적인 청동상의 대화라고 어떤 비평가는 평했다. 부르주아들이 좋아한 첨단 기술과 예술가들이 좋아한 장식적인 신고전주의가 조화를 이루며 다리에 구현되었다고 할 수 있다.

이 작품들을 조각한 사람은 당시 유명했던 로댕도 프락시텔도 아닌 장 안투완느 앵잘베르라는 대중적인 인기 조각가였다. 그가 선택한 모델 한 명에 대한 소문이 있었는데, 다리 건축가인 알비의 부인인 사라라고들 수군 그렸다. 제2 제정과 제3 공화정 시절 유명한 사업가의 딸이었다. 일반적으로 조각가들은 자신 주변사람들을 모델로 삼아 자기 작품의 서명으로 삼았는데, 두 사람 사이의 사연은 알 길이 없다. 앵잘베르는 다리 준공식 때 레종 도뇌르 훈장을 받았다.

이런 사연 많은 청동상 위쪽의 다리 난간에는 파리시의 문장이 장식되어 있다. 그러니까 파리시의 문장이 있는 난간 위치의 바깥 네 곳에 모두 여신상이 있다는 의미이다. 문장을 포함한 다리 난간의 장식들도 모두 강철이며 모티프는 바퀴 혹은 왕관, 변형된 하트, 솔방울 장식 등이 수평으로 연결되어 있다. 다리 난간의 중앙 부분, 강을 향한 바깥쪽으로 청동방패 형태의 '프랑스 공화국' 모노그램 문장이 장식되어 있다. 중앙 아치의 연결 부분을 가리며 보호하는 역할을 한다. 알렉상드르 3세 다리에 동일하게 사용되었다.

미라보 다리, 파리시의 문장

프랑스 공화국 문장 / 위키피디아

　무엇보다도 미라보 다리는 아주 예술적인 다리라는 사실이 의미 있다. 다리 좌안 하류 쪽에 소박한 카페가 하나 있는데 이름이 '카페 아폴리네르'이다. 아폴리네르는 시인이다. '목녀(牧女)여 오 에펠탑이여 한 무리의 다리 떼가 이 아침 음매 운다.'라고 노래한, 에펠탑과 센강의 다리들에 관심이 많았던 시인이다. 그의 「미라보 다리[Le Pont Mirabeau]」라는 세계적으로 알려진 시가 태어난 다리에 있는 카페이기 때문에 이름을 '아폴리네르'로 삼았을 것이다.

　시 「미라보 다리」의 첫 연을 새겨놓은 청동현판이 우안 하류 쪽 난간에 장식되어 있다. 시인 아폴리네르와 미라보 다리 중 누가 누구를 더 유명하게 했을까 생각해 본다. 왜냐하면 이 구절이 많은 사람들의 심금을 울렸기 때문이다. "미라보 다리 아래 센강은 흐르고, / 우리들 사랑도 흘러가네, / 기억해야만 할까, / 기쁨은 언제나 고통 뒤에 왔었지…". 무슨 사연이 있어 이 다리 이름이 시의 제목이 되었을까.

시 '미라보 다리' 청동 현판

미라보 다리 우안 쪽은 16구의 오테유 구역이다. 19세기 말 16구의 다른 동네와 달리 가난한 사람들이 많이 살고 있었다. 다리 좌안 쪽은 15구 자벨 구역으로 공업단지였다. 자동차 회사 시트로앵이 들어오기 전인 18세기부터 큰 화학공장이 있었는데, 세탁과 청소세제의 상표이름을 구역 이름인 '자벨'로 그대로 쓰고 있었다. 지금도 프랑스에서는 흔히 일반적인 청소세제를 모두 자벨이라 부른다. 우리의 '락스'처럼 그만큼 유명한 상표이니 공장도 컸고 근로자도 많았다.

당시에는 파리 외곽이었기 때문에 두 구역을 바로 이

어주는 다리가 없었다. 16구의 오테유 구역 노동자들이 자벨 구역으로 출퇴근하기 위해서는 센강 상류 쪽으로 거슬러 가야 했다. 그르넬 다리까지 500m를 올라가서, 다시 500m를 내려와야 하는 사정이었다. 두 구역 주민들이 불편을 호소했고, 파리시는 지금 위치에 다리를 하나 건설하기로 결정한다. 다리 자체가 노동자들의 힘든 일상을 해결해주기 위한 것이었다. 그런데 이 다리를 건너다닌 사람들은 공장의 노동자들뿐만이 아니었다.

1910년대 초의 오테유 지역에 아폴리네르가 살고 있었다. 화가 마리 로랑생과 열렬한 사랑을 이어가던 가난했던 청년 시인은 이제 슬픈 이별을 맞게 된다. 그녀가 떠난 뒤에도 그녀와 함께 자주 걸었던 이 다리를 건너다녀야 했다. 몽마르트르에 살았던 예술가들이 마침 이 시절 15구 몽파르나스로 옮겨갔는데, 그가 좋아했던 샤갈이 다리를 건너면 지름길로 갈 수 있는 곳에 살고 있었기 때문이었다.

다리를 건널 때마다 7년 동안이나 뜨겁게 사랑했던 마리 로랑생과의 추억이 떠올랐다. 아픈 사랑의 추억은 미라보 다리와 센강의 강물과 무심한 세월과 함께 어우러졌고, 이는 시인에게 영감으로 떠올랐다. 시인은 사라져간 세월을, 깨진 사랑을 언제나 제자리인 미라보 다리 아래 무심히 흘러가는 센강의 강물로 은유한 한 편의 시로 자신의 사랑을 형상화했다.

미라보 다리 아래 센강은 흐르고

우리들 사랑도 흘러가네

기억해야만 할까

기쁨은 언제나 고통 뒤에 왔었지

밤이여 오라 시간이여 울려라

세월은 가고 나는 여기에 있네

손에 손을 맞잡고 마주 서있자

우리들의 팔 아래로

미끄러운 물결의

영원한 시선이 지나갈 때

밤이여 오라 시간이여 울려라

세월은 가고 나는 여기에 있네

사랑이 떠나가네 흐르는 저 강물처럼

사랑이 떠나가네

삶이 느리듯이

또한 희망이 강렬하듯이

밤이여 오라 시간이여 울려라
세월은 가고 나는 여기에 있네

날이 가고 세월이 지나도
흘러간 시간도
사랑도 돌아오지 않고
미라보 다리 아래 센강은 흐르네

밤이여 오라 시간이여 울려라
세월은 가고 나는 여기에 있네

「아폴리네르와 마리 로랑생,
시인에게 영감을 주는 뮤즈」
앙리 루소 (1909)

　미라보 다리는 아폴리네르의 시 덕분에 세계적으로 유명한 다리가 되었다. 시의 유명세 때문에 다리의 건축적 예술성이 가려진다고 불평하는 건축가들도 있다. 언젠가는 이 다리의 이름이 아폴리네르 다리로 바뀔지도 모를 일이다.

　아름다운 모습만큼이나 파리의 다리들에는 여러 장식과 이야기들이 새겨져 있다. 르네상스의 다리는 주술적인 염원과 국민을 아낀 군주의 마음이 담겨있었다. 산업혁명 무렵의 다리들은 모두가 파리라는 도시의 발전과 풍요를 염원하는 근대적인 주제들이 새겨져 있었다. 도시노동자들의 힘든 출퇴근길을 편하게 해준 미라보 다리는 나아가 아폴리네르의 시 덕분에 세계적인 예술 작품이 되었다. 보이지 않는 다리의 장식이 또한 사랑으로 아파본 세상의 모든 연인들을 치유하고 있는 셈이다.

이처럼 센강의 다리들은 실용과 안전만을 위한 것이 아니다. 흔히 사회정치적 거대 담론을 담고 있거나 시대정신을 표현하고 있기도 하지만, 건축 그 자체로서 아름다움을 느낄 수 있는 일종의 예술 작품으로서 프랑스 역사기념물로 지정된 다리가 많다. 하지만 근본적으로는 근대 이후 과학과 기술과 산업과 무역을 통한 풍요와 번영을 염원하는 파리의 마음이 더 감동적으로 다가온다. 시민들과 노동자와 근로자들에 대한 보호와 배려와 감사가 여러 다리들 곳곳에 새겨져 있기 때문이다.

파리의 목녀(牧女) 에펠탑

어느 방향으로든 파리에 들어서기만 하면 건물과 가로수 사이 저 멀리 에펠탑이 보인다. 이때 '아~ 여기가 파리구나'라는 실감이 든다. 그만큼 에펠탑은 파리 그 자체가 되었다. 밤의 파리에서 이런 실감은 더욱 크다. 조금만 고개를 돌려도 탑의 조명이 눈길을 끌기 때문이다.

탑을 건립한 건축가 귀스타브 에펠의 이름이 탑의 이름이 되었다. 사진으로든 그림으로든 모형으로든 너무나 많이 봐와서 이미 낯익은 탑이다. 이런저런 포털 사이트나 여행사 사이트에서 '파리에서 가볼 만한 곳'을 검색하면 가장 먼저 보이는 것이 에펠탑. 그만큼 많이 알려져있다는 뜻이다. 가까이서 처음 에펠탑을 보면 그 규모와 크기, 곡선이 만들어내는 자태는 숭고미에 가까운 감동을 일으킨다.

하지만 우리가 보는 에펠탑은 그냥 에펠탑이 아니다. 프랑스 사회와 역사, 기술과 과학, 문화와 예술… 많은 것들이 이 탑 하나에 모두 담겨있기 때문이다. 1889년 이후 한 자리를 지키고 있는 에펠탑이기에 130년 넘은 세월의 변화에 따라 탑에 부여되었던 애초의 가치와 의미 또한 계속 변화하고 있다. 이런 에펠탑이 어떻게 사람들의 아픔을 위로하고 쓰다듬어 주게 되었는지를 보려면 먼저 에펠탑이 어떤 탑인지를 알아야 한다. 애초 과학과 기술의 총아로서 제국주의 시대의 프랑스적 가치를 반영하던 탑이 지금은 모든 사람이 사랑하는 예술품으로, 그리고 세계의 아픔까지 위로하는 빛의 등대로 거듭나고 있기 때문이다.

에펠탑은 곡선이 우아한, 높고 아름다운 철강 구조물이다. 건설 당시인 1889년에는 312m로 인간이 만든 구조물 중에서 가장 높았다. 이름도 '300m 탑'이었고 꼭대기에는 언제나 프랑스의 삼색기가 펄럭이고 있었다. 파리의 거의 모든 예술가들은 탑의 건립을 강력하게 반대했다. 그러나 완성 후 드러난 자태는 아름다웠다. 또한 탑이 발신한 시대적 의미는 대단했다. 에펠탑은 결국 프랑스의 자부심 그 자체가 되었다.

125m 넓이 정사각형 꼭짓점에서 네 개의 기둥이 시작되고, 올라갈수록 점점 좁아지면서 맨 꼭대기에서 한 점으로 모이는 형태이다. 모두 1만 8천 개의 쇳조각이 약 250만 개의 리벳으로 연결되었다. 이 높은 구조물을 단

2년여 만에 완공해서 또한 찬탄의 대상이 되었다. 최첨단 공법이 사용된 기술적 진보가 건축으로 실현된 빛나는 증거였다. 당시 세계적으로 높다는 모든 건축물들보다 두 배 정도 에펠탑이 더 높았다. 에펠이 노트르담 대성당을 장난감처럼 허리춤에 차고 한 손으로는 피라미드를 누르면서 다른 한 손으로는 자신의 키만큼 높은 탑을 잡고 있는 당시 유력지 〈르땅(Le Temps)〉의 캐리커처는 에펠탑에 대한 시대의 자부심을 잘 보여주고 있다.

에펠탑

<르땅(Le Temps)>의 캐리커처

에펠탑 건립의 시대 배경

탑이란 단지 높이 쌓아 올리는 것 자체가 목적이 아니다. 넓이에 비해 높이를 얻음으로써 특정 기능을 수행하는 현실적인 목적이 있기 마련이다. 고대 성벽의 방위나 감시 혹은 통신 등을 위한 탑이 그렇다. 지금까지 우리가 알고 있는 많은 탑을 생각해 보면 인류 역사 최초의 탑이라 알려진 신화 속 바벨탑부터 거의 예외 없이 지극히 현실적인 목적을 이루기 위한 한 수단이었다. 이런 점에서 에펠탑은 좀 특이하다. 현실적인 목적은 전혀 없이 자신의 존재를 드러내기 위한, 일종의 정치적 목적으로 탑을 쌓았기 때문이다.

에펠탑이 완공된 1889년은 프러시아 전쟁에서 참패하고 파리코뮌의 혼란을 거친 프랑스가 다시 일어나 급속하게 발전을 구가한 시기이다. 또한 프랑스 역사가 시작된 이래 가장 아름다운 시대가 시작될 무렵이다. 벨 에포크의 시작 무렵인 이 시기가 또한 프랑스 혁명 100주년이 되는 해와 겹쳤다. 프랑스는 1789년 대혁명을 자신의 가장 큰 자부심이라 여긴다. 그 100주년을 기념하고자 이미 몇 번이나 개최한 세계박람회를 파리에 또 다시 유치했다. 에펠탑은 바로 이 파리 세계박람회에서 프랑스를 상징하는 상징물로 기획되었다.

파리 세계박람회 / 위키피디아

대혁명 이후 제2 제정과 제3 공화국 초기까지의 여러 사회정치적 갈등에도 불구하고 이 시기에 이르러 프랑스는 발전과 번영을 구가했다. 과학기술의 발달과 산업혁명으로 인한 자본의 축적, 무엇보다도 식민지 확장을 통한 경제적 기반 확대에 뿌리를 두고 있었다. 19세기 말과 20세기 초 프랑스의 식민지 전체 면적은 자국 영토보다 10배나 더 넓었다. 당시의 프랑스는 그만큼 경제가 풍족한 제국 프랑스였다.

우리와 직접 연관된 사건을 보면 이런 프랑스의 국력을 쉽게 알 수 있다. 조선에서 선교활동을 하던 프랑스 신부들의 처형을 빌미로 프랑스가 일으킨 병인양요는 1866년, 제2 제정 말기의 사건이다. 이때 프랑스는 7척의 군함으로 강화도를 침공하였고, 금은보석과 직지심경 같은 조선의 귀중한 문화재를 약탈해 갔다. 조그만 조선을 응징하기 위해 프랑스가 멀리에서 함대를 보낸 것일까. 그게 아니었다. 식민지 정책으로 프랑스의 극동함대가 청나라의 톈진에 이미 진출해 있었기에 가능한 침공이었다.

에펠탑과 세계박람회

에펠탑을 세운 계기는 이 시기의 세계박람회이다. 세계박람회의 기원은 1798년 파리에서 시작된 '프랑스 농업과 산업생산품 전시회'로 볼 수 있다. 제2 공화정에 들어선 프랑스가 기존의 이 전시회를 토대로 세계박람회를 기획하였기 때문이다. 그런데 영국이 이 아이디어를 스파이를 통해 훔쳤고, 1851년 런던이 먼저 개최한 박람회가 최초의 세계박람회이다. 오늘날 세계올림픽을 세 번 개최한 도시가 단지 런던과 파리밖에 없듯, 영국과 프랑스, 런던과 파리는 언제나 경쟁했다.

왜 당시의 두 도시는 세계박람회를 두고 경쟁했을까. 식민제국주의 국가들이 산업혁명 이후 자신들이 이룬 산업과 기술을 자랑하고 다양한 상품을 소개하고 판매하기 위한 선전의 장이 필요했던 것이다. 그러니까 세계박람회는 19세기 후반 본격화된 유럽 제국주의의 확장과 연관이 있다.

처음에는 국제적인 상품과 기술교역 등을 위한 대단위 특별 시장의 성격을 띠었다. 산업혁명이 본격화하고 자본주의가 발달하자 박람회는 유럽 열강들이 자신의 국력과 부, 과학기술과 문화를 경쟁적으로 과시하는 전시장으로 변모했다. 프랑스는 1855년 제2회 파리박람회 이후 1867년, 1878년, 1889년, 1900년 등 약 10년을 주기로 연이어 개최하였다. 아프리카에 이어 극동아시아까지 진출한 프랑스의 제국주의를 전시하는 좋은 기회로 활용했다. 특히 1889년 파리박람회에서는 식민지 전시관을 운영하였는데, 식민지 약소국들은 이국정취의 대상이 되었고 이를 위해 심지어 원주민을 전시하기까지 했다.

초기의 박람회는 대규모 중앙전시실 하나에 개별 국가를 위한 공간이 할당된 형식으로 전시장이 구성되었다. 1867년 이후 각국의 개별 전시관이 별도로 마련되었는데, 중앙 전시실에 전시할 수 없는 전시물이 있을 때만 가능했다. 즉각 많은 나라가 자신의 고유한 건축을 드러낼 수 있는 전형적인 전시관을 경쟁적으로 건축하기 시작했다. 에펠탑은 파리세계박람회장의 출입문으로서 프랑스 전시관의 상징물이었던 것이다.

에펠탑과 철강 건축

프랑스대혁명 100주년이라는 세계사의 차원에서 개최한 1889년 파리 세계박람회! 이때 프랑스 정부가 프랑스를 대표하는 상징물로 삼기 위해 공모한 것이 300m가 넘는 탑이었고, 선정되어 건축한 탑이 바로 에펠탑이다. 그러니 에펠탑에는 당시 프랑스가 세계에 자랑하고 싶었던 모든 것이 다 들어있다 할 수 있다. 그 자랑거리 중 하나가 건축 재료가 더 이상 석재가 아니라 철강이라는 것이 중요하다.

건축기간과 비용 등을 고려하면 산업에 필요한 대규모 공장과 창고 등의 시설은 철강이 아니면 건축이 불가능하다. 제국주의 식민지 경영에 꼭 필요한 철도와 다리 건설도, 특히 식민지 확장과 지배에 중요한 총과 대포, 군함 같은 무기도, 모두 철강을 재료로 한다는 사실이다. 철강 산업과 철을 잘 다루는 기술은 이 시대의 첨단 산업과 기술, 꼭 필요한 선진 기술이었다.

건축 영역에서 주재료로 사용되던 이전 시대의 석재 대신 이제 철강이 근본적인 건축 재료가 된 것이다. 19세기 초반은 산업혁명 중에서도 공업혁명의 시기였는데 특히 철강기술이 그 중추였다. 1779년 영국의 '아이언 브리지(Coalbrookdale)'에 처음 도입된 주철은 1803년 파리의 퐁데 자르Pont des Arts를 놓는 데 사용되었다. 이후 효율성과 경제성으로 인하여 압연철강이 건축 구조물의 형태를 완전히 바꾸기 시작했다.

풍데자르, 예술의 다리

　예를 들어 파리개조사업 때인 1853년 건설된 파리도매
시장 레알Les Halles 건물은 철강자재를 외부에 드러낸
최초의 대형 건축물이었다. 기차역, 시장, 공장, 백화점,
야외 전시장, 야외 판매점 등 산업사회의 새로운 건축양
식을 처음으로 내보였다. 19세기의 고유하고 찬란한 발
명품인 철강건축은 가공할 만한 힘과 용적, 장력 등을 장
점으로, 나는 듯한 우아함, 가벼움, 투명함을 구사할 수
있었다. 이런 철강을 재료로 이룩한 최고의 건축이 바로
에펠탑이었다.

파리도매시장 레알

19세기 중엽까지 건축물의 높이 경쟁은 주로 종교 건축물에 해당하는 일이었다. 각 교구의 권위와 위세 경쟁이었는데 예를 들면 루앙 대성당은 첨탑에 40m 높이의 철탑을 추가하는 공사를 1837년에 시작한다. 덕분에 151m 높이가 되어 1876년에서 1880년 사이 세계최고 높이를 자랑할 수 있었다.

산업이 발전하고 철강을 다루는 기술이 발달하자 종교가 아닌 건축 기술자들이 최고 높이를 꿈꾸게 된다. 에펠탑은 에펠의 독창적인 생각이 아니었다. 이런 종류의 철탑을 최초로 고안한 사람은 1833년 영국의 리차드 트레비칙이라는 기술자였다. 1천 피트, 그러니까 304m 높이, 기초가 30m 정사각형이며 꼭대기 넓이가 3.6m²인 탑을 계획하였으나 이내 사망하는 바람에 실행되지는 못했다. 실현 가능성을 떠나 이런 종류의 철탑을 최초로 고안한 것이 의미 있을 것이다.

1876년에 개최될 미래의 필라델피아 세계박람회를 위한 '백주년 탑[The Centennial Tower]'이라는 이름으로 미국 기술자들이 또한 1천 피트인 300m 철탑을 고안한 것은 1853년이었다. 지름 45m의 원형 바탕에 철재 케이블을 이용해 9m의 철재 실린더를 탑으로 쌓는다는 계획이었다. 예산을 확보하지 못해 실행되지는 못했지만, 실현 가능성이 어느 정도 있다고 판단한 프랑스의 〈자연(Nature)〉이라는 잡지가 1874년 이를 유럽에 소개하였다.

이런 배경에서 1884년 에펠이 운영하는 회사의 두 기술자인 누기에와 께끌랑은 격자로 벌어진 4개의 기둥이 올라갈수록 점점 좁아지다가 그 끝에서 하나로 합쳐지는, 동일한 간격으로 배열된 금속 대들보로 연결된 탑을 구상하였다.

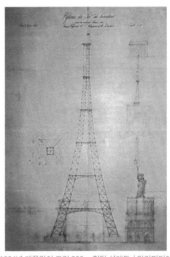

1884년 케끌랑이 그린 300m 철탑 설계도 / 위키피디아

이런 아이디어로 에펠의 탑이 정부의 공모에 당선되고 탑 건설의 길이 열린다. 통상성 장관이며 세계박람회 집행 위원장이었던 에두아르 로크루아는 에펠탑 건립의 열렬한 후원자였다. 그의 도움을 받아 '300m가 넘는 높이의

파일과 탑문 건설을 위한 새로운 규정'을 허가받게 된다.

이 시대에 철탑이 300m를 넘는다는 것은 불가능한 만용으로 생각되었다. 철교 교각파일의 높이라는 관점에서 볼 때 당시의 기술적인 높이의 한계는 약 60m이었기 때문이다. 그러나 에펠의 기술자들은 탑의 구조를 직선이 아니라 만곡의 곡선으로 바꾸고, 볼트 대신 리벳을 사용하는 공법을 적용하기로 한다. 이는 에펠이 이전에 많은 철재건축을 시공한 경험이 있어 가능한 일이었는데, 바로 전에 건설한 프랑스 가라비의 고가교와 포르투칼 포르투의 마리아 철교에 적용한 기술을 응용한 것이다.

포르투칼 포르투의 마리아 철교

에펠은 1855년 그랑제꼴인 중앙공업기술학교를 졸업했다. 그가 최초로 건설한 철강 구조물이 1858년의 보르도 철교이다. 26세의 나이에 감독한 510m 길이의 철교는 넓은 강 위에 적용한 기술적 쾌거였고, 이런 초기의 성공 경험은 강점이 되었다. 이를 계기로 1866년 자신의 회사를 설립하고 뛰어난 인재들을 영입했다.

그는 유럽 도처에 고가철교, 공장, 창고, 시장, 철도역, 천문대 등 대형 철강건축물들을 건설한다. 산업혁명으로 경제가 발달하고 자본을 축적한 유럽 사회가 이런 대형 철재구조물들을 많이 필요로 한 시대였다. 헝가리 부다페스트 서부역(1875년), 파리에서 제작한 뉴욕 자유의 여신상 내부 철골(1876년), 길이가 무려 556m에 이르는 프랑스 가라비 고가교(1880년), 베트남 사이공 중앙우체국(1886년) 등 에펠은 전 세계에 걸쳐 100여 개의 다양한 대형 공업구조물과 철강건물을 건축하였다. 1898년에 건설된 베트남 하노이의 롱 비앙 다리는 지금도 여전히 사용되고 있다.

에펠탑의 건축과 구조의 의미

건축의 관건은 계산과 시공, 그러니까 과학과 기술임을 이 시대의 기술자들은 잘 알고 있었다. 스코틀랜드의 포스교(Forth Bridge)는 1889년에 완공되었는데 그 길이가 521m에 달한다. 사람들은 영불해협에도 다리를 건설할 수 있으리라 기대하였으며, 미국의 텍사스에서는 강철을 이용하여 고층건물을 세우기 시작했다.

그런데 이런 고가 철교 건설기술이 어떻게 에펠탑 건설과 관련될 수 있었는가를 생각해 보아야한다. 에펠과 기술자들의 논리를 한마디로 표현하면 교량의 수평 아치를 수직으로 세운다는 콘셉트이다. 교량의 수평 아치를 반으로 나누고 이 둘을 서로 맞붙여 수직으로 세운다면 이미 에펠탑의 원형적인 모양을 볼 수 있다. 여기서 중요한 것이 탑은 직선이 아니라 만곡의 곡선을 이루고, 볼트 대신 리벳을 사용하여 부품을 체결한다는 것이 구조역학의 차원에서 아주 중요한 포인트였다.

탑의 건축적 미학을 위해서 에펠은 누기에와 께끌랑에 이어 건축가 소베스트르에게 이 계획을 의뢰한다. 소베스트르는 4개의 기둥과 2층을 예술적인 아치로 연결하고 유리를 씌우며, 탑 꼭대기를 구형으로 만들어 다양하게 장식한다는 의견을 제시했다. 그러나 단순미를 살리는 쪽으로 결정되었고 맨 아래층의 큰 아치만 남기기로 하였다. 탑의 구조와는 아무런 관련 없이 단순히 장식을 위한 이 아치가 탑의 독특한 모습이 되었다. 에펠탑이 세계 박람회장의 출입구 역할을 하였기 때문에 이 아치는 순수하게 미학적 차원에서 디자인된 것이었다.

탑의 만곡은 바람에 가장 잘 저항하기 위해 수학적으로 계산된 곡선이다. "모든 풍력은 기둥 모서리 내부로 들어간다. 바람이 두 지점 위의 파일에 힘을 가할 때, 같은 높이에 위치한 지점으로 합쳐진 기둥의 접선은 이 합력이 지나가는 지점에서 언제나 만나게 되어있다. 높이

솟은 꼭대기에서 만나기 이전 기둥들은 마치 땅에서 솟은 듯하며, 풍력에 꼭 맞는 형태를 이룬다."라고 에펠은 설명했다.

센강 쪽 기초에는 금속 잠함을 사용하였는데, 압축 공기를 불어 넣어 수면 아래에서 인부들이 작업할 수 있었다. 전체 공정 26개월 중 기초공사에만 5개월가량 소요된 것을 보면, 탑의 기초에 많은 노력을 기울였음을 알 수 있다. 샹드마르스 쪽 기둥은 지하 3~4m 아래까지 자갈을, 그 위에 2m의 시멘트를 굳히고 기둥을 세웠고, 센강 쪽은 전체 기초 깊이가 9m에 이른다. 이들 기초는 서로 연결되어 한 구조물처럼 결합된 라멘구조로 되어 있다. 기초에는 1cm²당 4.9kg~5.3kg가량의 압력이 가해진다. 이는 체중 약 65kg인 사람이 의자에 앉았을 때의 압력에 지나지 않는다.

탑 본체는 1887년 7월 1일 파일을 조립하기 시작하여 21개월 만에 완공했다. 전체 18,000개의 조각들이 10분의 1mm 오차범위 안에서 설계되고 시공되었다. 모든 부분품은 파리 인근의 공장에서 5m³ 정도의 덩어리로 미리 제작하였다. 마차나 센강을 통해 이를 운반했고, 고가철교 전문가들의 지휘 아래 150명가량의 인부들이 조립하였다. 조립을 위해 모두 2백 5십만 개의 리벳을 사용하였는데, 현장에서 사용한 리벳은 1백 5만여 개밖에 되지 않는다.

에펠탑의 철강 연결 구조는 '레이스 기반' 구조로서 무게를 줄이면서 힘의 분산과 전달은 아주 뛰어난 구조이다. 전체 무게는 순수한 철강이 7,300톤, 기타 부자재 포함하여 약 10,000톤 정도이다. 에펠은 『300m 탑』이라는 자신의 저서에서 사용된 재료의 양, 여러 가지 계산의 결과 등을 구체적이며 정확하게 기술하였다.

'레이스 기반' 구조

대략 보면 300여 미터를 위해 탑은 기본적으로 사각의 의자인 하부와 탑신부라는 덩어리 두 개의 조합으로 구성된다. 1층 조립을 위하여 30m 높이의 임시 나무발판 12개, 45m짜리 큰 발판 4개를 사용했다. 2층의 대들보 연결이 가장 큰 어려움이었다. 지상 50m 높이 2층에서 각 80m 길이의 대들보 4개를 수평으로 연결하는 것이었는데, 수압기중기와 모래상자 덕분에 이 또한 1/10mm 범위 내의 초정밀 조립이 가능했다. 이 시대의 기술로서는 대단히 정밀한 시공이었고 과학과 기술력의 뒷받침 없이는 불가능한 일이었다.

대들보 연결 / 위키피디아

1887년 1월 착공 1889년 3월 31일 준공되었으니 기초 공사에 5개월, 탑 전체 조립에 21개월, 모두 26개월이 소요되었다. 이 시대의 불완전한 공법을 고려하면 기록적인 빠르기였다. 당시의 역사가들은 에펠탑의 정밀성은 최첨단이었고 과학과 기술의 총아라고 입을 모았다. 이 모든 업적으로 에펠은 탑의 꼭대기 층 복도에 레지옹 도뇌르 훈장과 함께 영원히 머물러 있다.

아주 정밀하게 시공되었기 때문에 지금까지 탑 꼭대기의 흔들림 폭은 아주 미미하다. 흔들림은 탑의 안전과 수명에 매우 중요한 요소여서 설계 당시부터 에펠이 충분히 고민한 부분이기도 했다. 애초 에펠은 탑이 진폭

70cm 정도의 흔들림을 견딜 수 있을 것이라고 예상했다. 그런데 1976년 한여름 폭염 때 진폭이 고작 18cm이었고, 1999년 12월 시속 240km의 폭풍우에서 13cm의 진폭만 이 발생했을 뿐이었다.

에펠탑, 왜 300m일까?

유럽을 호령했던 루이 14세의 프랑스, 제1 제정 동안 나폴레옹이 쟁취한 프랑스의 영광이 제2 제정 때 프랑 스-프러시아 전쟁으로 완전히 퇴색하였다. 그러나 19세 기 들어 본격화된 과학기술의 발달과 산업혁명과 다시 회복한 넓은 식민지에 기초한 프랑스는 제국으로 발전한 다. 이 모든 것이 응집되어 귀결된 것이 프랑스의 벨 에 포크이다. 이런 상황이었기에 벨 에포크 시대의 세계박 람회는 열강의 지위를 되찾은 프랑스의 모습을 세계에 알릴 절호의 기회였고, 그 핵심적인 도구가 바로 에펠탑 이었다. 애초 다른 현실적인 목적이 전혀 없었기 때문에 박람회가 끝난 후 20년이 지나면 탑을 철거하기로 계획 한 것이 이런 사정을 잘 말해 준다.

그러니까 탑은 오로지 프랑스 산업의 우수성을 자랑하 기 위한 일회성의 이벤트였던 것이다. 이때까지 세계 제 일의 인공구조물은 높이 169m의 워싱턴 기념탑이었다.

석재를 쌓아 180m 이상의 탑을 쌓아 올리는 것이 이 탑의 본래 목표였다. 그러나 석재로 인한 탑 자체의 무게가 탑의 기초를 허물기 때문에 불가능하다는 것을 건설 과정에서 알게 되었다.

산업혁명으로 철의 가격이 싸지고 품질이 향상되었기 때문에 철탑을 세우는 것이 가능하다고 생각하게 되었다. 이제 높은 철탑을 건축한다는 것은 철을 잘 다루는 과학적 공학적 기술적인 능력을 증명하는 수단이 되었다. 19세기 초반 이미 영국에서 1,000피트 그러니까 300m 넘는 철탑을 처음 생각하였고, 미국이 계획했던 철재 탑인 The Centenial Tower도 300m 탑이었다. 또 1889년 세계박람회를 위한 탑 공모에서 에펠의 가장 강력한 경쟁자였던 쥘 부르데가 응모한 탑도 300m의 탑이었다.

여기서 생각해 보아야 할 것이 하나 있다. 19세기 내내 에펠탑을 포함한 이 탑들이 모두 300m의 높이를 목표로 했다는 사실이다. 왜 하필 300m였을까. 숫자가 가지는 상징성 때문이라 해석할 수 있다. 300m는 1,000피트, 정확히는 304.8m를 환산한 길이이다. 그 당시에는 유럽에서도 피트 단위를 함께 사용했는데, 아라비아 숫자에서 1,000이라는 숫자가 담고 있는 상징성이 탑의 높이에 적용되었다 추론할 수 있다.

   그러니까 숫자 1,000을 넘어선다는 것은 인간이 가진 최고의 단위를 뛰어넘었다, 하나의 경계를 초월했다는 상징적인 의미를 가진다. 이런 상징성은 아라비안나이트를 이르는 「천일야화」, 즉 '천 하룻밤의 이야기'에서 이 '천 그리고 하나'의 의미를 생각해 보면 이해할 수 있다. 세헤라자데의 이야기는 영원히 계속된다는, 그 끝이 없다는 의미이다.

   아라비아 숫자에서 1,000은 근본이며 최고 단위이다. 하나가 천 개 모여 천이고, 천이 천 개 모이면 밀리언(millon)이고 이게 또 1,000개 모이면 빌리언(billion)이다. 그래서 1,000을 뛰어넘어 1,001이 되었다는 것은 '영원히 계속된다' 혹은 '무한하다'라는 의미를 상징한다. 300m 그러니까 1,000피트를 넘는 높이의 탑이란 한 시대의 상상을 뛰어넘는, 기술력의 한계를 극복한 탑이라는 상징성을 가질 것이다. 이런 까닭에 모두 1,000피트에 해당하는 300m 탑을 목표로 했다고 해석할 수 있다.

이제야 제대로 알게 된 에펠탑

탑을 지켜낸 에펠의 과학 투자

에펠탑의 건립 당시 높이 312m는 뉴욕에 319m 높이의 크라이슬러 빌딩이 건설된 1930년까지 최고층 건축물이었다. 그런데 높은 산이 없는 프랑스의 평원, 특히 파리 분지에서 에펠탑의 높이는 라디오나 무선통신 등, 초기 무선전파 공학에는 아주 중요한 높이였다. 그래서 에펠탑을 계기로 무선전신

1904 ~1908 무선전신 안테나

에 관한 연구가 장려되었고, 최초로 시험 방송이 있었다.

1889년 최초로 비행기와 무선교신을 실험했는데, 탑

과 60km 떨어진 거리까지 통신이 가능함을 확인하였다. 1903년에는 에펠탑을 중계로 파리근교 군사기지 간 통신망이 완료되었다. 1909년에는 북아프리카의 알제리와도 교신이 가능함을 확인하였다. 1915년 여름에는 에펠탑과 대서양을 건넌 미국 버지니아 주 알링턴 사이의 6,000km가 넘는 거리의 교신이 이루어졌다.

군사적인 측면에서도 탑은 중요한 역할을 하였다. 1차 세계대전 때는 에펠탑에서 독일군의 무선을 도청할 수 있었다. 그 덕분에 독일의 간첩 마타 하리를 체포할 수 있었으며 독일군의 공격 예정지에 병력을 재빨리 투입하여 라마른 전투를 승리로 이끌 수 있었다.

최초의 유럽 공중파 방송, 최초의 정규 티브이 방송파 중계를 에펠탑에서 시작하였고, 이제 에펠탑의 가치는 과학기술적, 군사전략적인 관점에서도 확실히 인정받을 수 있었다. 1950년대 항공 표지로서 에펠탑은 동서남북 모든 방향으로 빛을 발했는데 300km까지 닿을 수 있었다고 한다. 파리 인근 1천 200만 명의 티브이 시청을 지금도 에펠탑이 담당하고 있다.

세계박람회 20년 후에 자신의 탑을 철거한다는 계약서에 서명할 때부터 에펠은 이 모든 것을 내다보고 있었다. 그가 생각한 것은 탑의 과학기술적 유용성이었다. 자신의 탑이 무선통신과 막 개발된 라디오 전파 송신을 위해서 꼭 필요한 안테나가 될 것이라 예견한 것이다.

이때는 프랑스군이 아직 비둘기를 더 안전한 통신 수단으로 생각하고 있던 시기였다. 1903년 프랑스군의 기술자 페리에가 무선전신 실험을 에펠탑에서 하고자 의뢰한다. 그 가능성을 충분히 알고 있었던 에펠은 실험을 허락한 것은 물론, 프랑스군의 재정이 아닌 자신의 재정으로 실험을 독려했다. 탑 꼭대기에 안테나를 세웠고 실험은 아주 성공으로 끝났다. 자신의 탑이 사라지지 않도록 자신의 재정을 들여 최선의 노력을 다한 모습이다.

이런 노력에도 불구하고 탑의 실용성과 미학적인 논란이 있었다. 1909년 가을 드디어 파리시의 에펠탑 위원회에서 철거 여부를 표결하게 된다. 탑을 허물지 않고 보존하기 위해 에펠이 그렇게 치열하게 노력했던 이유를 이 투표 결과를 보면 이해할 수 있다. 위원회는 단 한 표 차이로 탑을 허물지 않기로 결정한 것이다. 그만큼 당시 사회가 탑의 과학기술적 가치를 제대로 이해하지 못했다. 이제 에펠은 탑을 70년간 더 보존할 수 있는 권리를 얻게 된다.

그러나 무선통신을 비롯한 에펠의 과학에 대한 투자는 단지 자신의 탑을 지키려는 것만이 아니었다. 탑 아래에 만든 풍력실험실에서는 공기역학을 연구했고 탑 3층에는 기상실험실을 만들었다. 48시간 앞선 기상예보가 가능했는데, 당시로서는 매우 앞선 예보였다. 뿐만 아니라 에 펠이 탑 1층 외부 벽면을 빙 둘러 황금색으로 과학자들의 이름을 새겨 놓은 걸 보면 과학에 대한 그의 진심을 알 수 있다.

과학기술자들의 이름 / 위키피디아

과학과 공학을 신뢰했던 에펠이 탑 완공 이전 100년 동 안 프랑스를 이끌어 온 과학자, 공학자, 기술자들의 이름 을 황금색으로 새겨 넣었다. 왜 여기에 과학자들의 이름 들을 새겼을까. 에펠은 자신의 탑을 건설한 사람이 자기 혼자가 아니라고 생각했다. 300m가 넘는 탑을 쌓을 수 있었던 것은 에펠 자기 혼자만의 능력이 아니라, 그동안 프랑스가 쌓아 올린 과학 기술의 모든 것이 동원된 결과 임을 탑에 새기고자 했던 것이다.

각 면에 열여덟 명씩 모두 일흔두 명이다. 라플라스 변환, 라플라스 방정식의 수학자 라플라스, 공기의 구성을 분석하고 산소를 발견한 화학자 라부와지에, 대뇌피질 전두엽의 언어를 담당하는 '브로카 영역'을 발견한 해부학자이자 외과의사였던 폴 브로카 등 지금까지도 그 업적이 빛을 발하는 프랑스의 공학자, 과학자들 이름이 또렷이 새겨져 있다.

그러니까 이는 프랑스의 선배 과학기술자들에 대한 에펠의 오마주이자, 후배 과학자의 겸손이라 할 수 있다. 당시 프랑스 사회와 관련하여 이 이름 띠를 해석한다면 이는 에펠탑 이전의 여러 복잡한 사회정치적 혼란을 겪었던 프랑스가 이제 과학기술의 프랑스로 나아간 중요한 이정표라고 해석할 수 있다. 그렇다면 또 한편으로 에펠탑은 프랑스의 과학자와 기술자들을 위한 판테온이기도 하다는 해석도 가능할 것이다.

에펠의 경영 마인드

경영에서도 에펠은 근대의 진면목을 보여주었다. 그는 리벳과 철강 조각의 규격을 표준화했다. 이에 기초해 주문받은 거대 구조물들을 파리에서 제작하고 부분품을 현장으로 운송한 후 조립하는 방식을 택했다. 오늘날 말하는 PC(Precas Concrete) 공법과 유사한 공법이다. 현장 작업을 최소화함으로써 제품의 정밀성, 산업재해, 예산 등 모든 측면에서 경쟁력을 확보할 수 있었고 그 결과 칠레, 필리핀 등 세계 각지로 수출이 가능했다.

에펠은 공학과 기술에서뿐만 아니라 언론과 정치, 재정 분야에서도 탁월한 근대적 사업가였다. 탑의 최초 아이디어가 에밀 누기에와 모리스 케끌랑의 것이었기에 에펠은 애초 이들로부터 저작권을 인수하였고 자신의 이름을 탑에 붙일 수 있었다. 세계박람회를 통해 프랑스의 국력을 세계에 자랑할 방법을 찾고 있던 정부의 의도도 정확하게 파악하였다. 마침내 자신의 탑을 가지고 정부 설득에 나서서 성공했다. 탑의 콘셉트는 자신의 것이 아니었지만 설립 계획을 정부 관계자, 정책 결정권자 그리고 대중들을 설득했던 것이다.

에펠은 홍보의 달인이었다. 회사를 세운 초기부터 언론의 역할을 잘 알았던 그는 새로운 프로젝트를 시작할 때면 기자들을 불러 언론 브리핑을 열었다. 여론의 반응이 사업에 중요하다는 사실을 깨달았고 이를 사업에 활용했다. 경영에 있어서도 에펠은 근대의 한 특성인 언론 홍보의 역할을 정확히 꿰뚫고 있었다. 언론이 사회적 영향력을 가지기 시작한 것이 바로 19세기 후반부터이기 때문이다. 플로베르의 소설 『마담 보바리』에 등장하는 인물인 '오메'라는 약사의 행동을 보면, 과학과 언론이 근대를 특징짓는 중요한 요소임을 잘 이해할 수 있다.

예를 들어 철재 잠함 공법을 사용하여 센강 쪽 기초 공사를 할 때였다. 인부들을 죽음으로 내몰 수 있다고 언론이 비판적인 여론몰이를 하였다. 에펠은 이벤트 하나를 준비하고 기자들을 불러 모은다. 통산성 장관이자 세계박람회 집행 위원장인 친구 로크루와가 직접 잠함 안에 들어가 인부들의 작업을 시찰하고 격려하는 것이었다. 잠함을 이용한 기초 공사의 안전성을 확실하게 홍보한 것이다.

기초 공사를 위한 금속 잠함 / 위키피디아

사실 이런 사회적 압박 때문에 에펠은 공사 중 안전에 특히 주의를 기울였다. 인부들의 식당도 탑 1층에 직접 운영하여 근로자들이 식사 때 술을 마시지 못하도록 했다. 추락사고 등 산업 재해를 예방하기 위해서였다.

그 결과 공사 전 과정에서 단 한 건의 사망사고도 발생하지 않았다. 21세기에 들어선 우리나라에서 일 년 평균 약 2,000명의 근로자가 추락 등 산업재해로 사망하는 것을 생각해 보면 에펠탑은 건축 과정 그 자체도 매우 첨단이었다.

에펠 자신도, 비록 엄청난 노력을 기울이고 재정을 들였지만, 이 탑이 파리라는 세계적인 유명 도시의 상징이 될 줄은 짐작하지 못했다. 탑은 완공되자마자 다양하고 수많은 형태로 복제되었고 명성은 높아졌다. 축소형뿐만 아니라 병과 촛대, 패물, 착색판화, 종이 칼, 등잔대 등 온갖 오브제에 탑의 모티브가 사용되었다.

공학자이지만 동시에 뛰어난 사업가였던 에펠은 상업적인 목적으로 탑의 이미지에 관한 특허를 출원하려 했다. 그러나 이번에도 예술가들이 거세게 반대하였고, 대중들을 위해서 그는 특허를 포기하였다. 1889년 이후 에펠탑이 들어간 우편엽서가 50억 장 이상 발행되었는데, 이는 단일 이미지로는 세계에서 가장 많이 팔린 엽서이다.

에펠탑의 유명세에 따라 세계 각지에서 에펠탑을 모방하여 건립하였다. 리용, 라스베가스, 블랙풀, 도쿄, 중국의 항주 등 셀 수 없을 정도로 많다. 도처에서 에펠탑을 복제한 데는 그 나름의 이유가 있다. 에펠탑의 실용적 견고성과 아름다움 때문이다. 그런데 왜 사람들은 에펠탑을 아름답다고 느낄까.

이집트 피라미드의 각도인 52°를 안정각이라고 하는데, 이는 지구 중력장에서 마찰력만으로 모래를 가장 높이 쌓을 수 있는 각도에 가깝다. 이런 자연의 각도를 가진 피라미드는 황금분할 비율을 구성하는 구조물이다. 인간은 황금비율을 아름답다고 느낀다. 구조적 안전성과 아무런 연결 장치를 사용하지 않은 자연 상태에서 얻을 수 있는 최대 높이의 비례를 아름답게 느낀다는 것이다. 이런 비율은 중력장에서 인간이 느끼는 보편적인 미학적 감각일 수 있다는 추론이 가능하다. 에펠탑이 아름다운 근본적인 미학적 근거로 말이다.

에펠탑의 하부 왕서까래의 각도가 이와 유사한 54°이다. 탑은 안정감을 주는 하부에서부터 상부로 올라갈수록 수직으로 수렴한다. 석재가 아닌 철강의 가벼움 덕분에 비상하는 듯한 이 이미지는 안정한 하부의 형태 덕분에 가능하다. 따라서 세계가 에펠탑을 모방하는 것은 탑의 안정성과 미학적인 아름다움이 동시에 가능한 형태의 전형이 에펠탑이기 때문이라 할 수 있다.

건립 반대와 미학 논쟁

본격적으로 건설을 시작하기도 전에 에펠은 탑 건립에

반대하는 거센 항의에 마주쳐야 했다. 1886년 내내 당시 프랑스의 정치, 문화, 예술 전 분야의 유명인들이 하나같이 에펠탑 건립에 반대하고 나섰다. 이들은 '에펠탑 반대 300명 위원회'를 구성했는데, 여기서 300이라는 숫자는 탑의 높이가 300m로 계획된 것을 보고, 이 300m 탑에 대한 반대로 1m에 한 사람씩 모두 300인 위원회라고 구성했던 것이다.

이들 중에는 우리가 아는 이름도 많다. 〈아베마리아〉의 작곡자 샤를 구노, 제2 제정 최고의 건축물인 파리 오페라좌 '오페라 가르니에'를 지었던 샤를 가르니에, 제1회 노벨 문학상을 받은 시인 쉴리 프뤼돔, 소설 『삼총사』로 유명한 알렉상드르 뒤마 피스, 단편소설이라는 장르를 완성했다고 평가받는 『목걸이』의 소설가 모파상이 있었다. 또한 뒤레퓌스 사건의 부당함을 고발함으로써 제2 제정 당시 프랑스의 군국주의, 반유대주의, 그리고 군부와 정권의 맹목적인 애국주의와 부도덕성에 대항해서 프랑스 사회의 정의가 무엇인지를 일깨운 소설가 에밀 졸라도 사회참여 차원에서 빠지지 않았다.

1887년 기초공사가 시작된 지 며칠 지나지 않아 작가, 화가, 작곡가, 건축가 등 50명은 자신들이 서명한 '에펠탑에 반대하는 예술가들'이라는 탑 건립 반대성명서를 유력 일간지 〈르땅(Le Temps)〉에 발표한다. 탑의 높이가 지나치게 높고, 철골 구조라 보기가 흉측하다는 것이다. 대중들이 이미 바벨탑이라고 부르고 있는 이 괴물 같고 아무 짝에도 쓸모없는 탑, 거대한 공장 굴뚝과도 같은 탑, 나사 채워진 금속판의 더러운 기둥이라는 것이 주요 이유였다.

1887년 2월 14일, 르땅(LeTemps) 지에 실린 에펠탑 건립 반대 성명서 / 위키피디아

그동안 프랑스가 쌓아온 역사와 예술이 이 탑으로 인해 한 순간 더럽혀질 것이라는 것이 그들의 우려였다. 야만적인 에펠탑의 큰 덩치가 노트르담, 루브르, 생자크 탑, 앵발리드의 돔, 생샤펠 성당 등 파리의 모든 기념물들을 작아 보이게 하는 것 또한 그들의 염려였다. 그리고 기괴하고 상업적인 상상력을 넘치게 함으로써 파리가 가졌던 아름다움을 한 방에 날려버릴 것이라고 주장하였다.

이들 유명 예술가들의 독설을 보면 에펠탑에 대한 미학적 측면을 동시대의 예술가들이 전혀 이해하지 못했음을 알 수 있다. 시인 베를렌느는 '해골 망루', 시인이자 소설가인 프랑수와 코페는 '어지럽고 뒤틀린, 잡동사니를 엮어 만든 쇠로 된 돛대'라 했다. '건설 중인 공장 배관, 큰 돌이나 벽돌로 채워야 할 해골 뼈대, 깔때기 모양의 철망, 구멍투성이 좌약'이라는 예술 비평가 위스망스의 독설과, '쇠사다리로 된 높고 얇은 피라미드, 크고 추한 해골, 그 기초는 외눈박이 거인 기념물을 세우기 위해 만들어진 것 같다. 이것이 얇고 우스꽝스러운 공장굴뚝으로 실패 본 탑의 모습이다'라는 모파상의 독설이 그중 압권이라 하겠다.

에펠은 탑 건설에 관한 그의 원칙을 요약하면서 예술가들의 항의에 차근차근 대응했다. 예술가들의 항의문과 나란히 1887년 2월 14일 「르땅 Le Temps」지에 게재된 그의 반박문이 유명하다. 에펠의 결론은 한마디로 '탑은 고유의 아름다움을 가지고 있다.'였다. 주로 예술가들이 앞장섰기 때문에 건립 반대는 근본적으로 미학적인 관점이었다. 에펠 또한 예술과 미학의 관점에서 항변했다.

기술자이기 때문에 탑을 튼튼하게 만들 생각만 하는 것이 아니다. 튼튼하게 만든다는 것은 또한 아름다움과 필연적인 관계가 있다. 탑을 세우는데 가장 중요한 요소는 자연의 조건에 대응하는 것, 즉 바람에 대해 저항하는 힘을 만들어 내는 것이고, 이는 바람의 힘과 이에 대응하는 힘이라는 두 힘의 조화라는 것이다. 그런데 이 조화는 언제나 힘이 성립하는 진정한 조건이며 이 조건은 조화라는 비밀스러운 조건에 일치하는 것이라고 보았다.

다소 추상적인 이 말을 에펠은 구체적으로 설명한다. 탑이 보여주는 기둥 네 개의 곡선은 바람에 대한 저항을 면밀히 계산하여 얻어낸 곡선이다. 또한 탑의 수많은 빈 공간은 위험한 표면을 없앰으로써 폭풍우의 위험으로부터 벗어날 수 있게 하는 방법이며, 이로써 탑의 안정성을 확보할 수 있다. 자연조건에 대해서 계산으로 곡선을 얻어내고 재료를 배열한 것은 결국 자연과의 조화를 추구한 것이고, 따라서 이 거대한 건축물에는 '그 어떤 일상적인 예술이론이 풀어내지 못할 매혹적인 면, 고유한 매력이 있다.'고 주장한 것이다.

앞서 예술가들이 탑 건립에 반대한 골자는 300m라는 탑의 높이, 그리고 재료가 철강인 구조물이라는 것이었다. 300m라는 높이의 상징성과 철이라는 재료가 가진 시대적 의미와 가치를 생각하면 예술가들의 반대는 결국 산업혁명과 근대를 이해하지 못했다는 의미이다. 그래서 에펠은 이 탑이 인간이 세워 올린 건축물 중 가장 높은 것이 될 것임을 항변 말미에 보탠다. 아울러 이집트에서는 그

토록 찬탄할 만한 것이 파리에서는 왜 흉하고 우스꽝스러
운 것이 되어야 하는지를 예술가들에게 묻고 있다.

이런 에펠의 주장에서 우리가 생각해 볼 수 있는 몇 가
지 개념이 있다. 먼저 피라미드가 서있는 이집트의 사막
이라는 '자연'과 에펠탑이 서있을 파리라는 '도시'의 대비
이다. 당시의 예술은 거의 자연을 그리는 것이었다. 그래
서 예술가들은 도시에서 아름다움을 볼 수 있는 것은 옛
날, 자연에 가까웠던 시절에 만들어 놓은 것, 옛 기념물
에서만 가능하다고 보았다. 이에 대해 에펠은 지금의 도
시, 근대 도시에서도 아름다움을 만들어내는 것이 가능
하다고 항변하였다.

그리고 계산과 아름다움의 관계이다. 당시의 예술가들
은 계산과 아름다움의 관계를 생각하지 못했고, 계산은
과학과 공학기술의 영역에 한정된 것이라 여겼다. 근대
예술은 달랐다. 근대 예술에서 '근대'란 예술가들이 당대
의 지배적인 미학적 코드를 벗어나고 좀 더 근본적인 차
원에서 그 미학 코드를 위반할 수 있는 능력을 의미하기
때문이다.

상징주의 시인 보들레르는 1863년, 「현대생활의 화가」
라는 화가 콩스탕탱 기스에 대한 미술 평론에서 근대에
관한 새로운 미학을 밝혔다. 인간의 주된 생활환경이 자
연에서 도시로 바뀌어버린 상황에서, 예술가는 도시의

길거리에서 아름다움을 발견할 수 있어야 한다고 보았다. 그리고 아름다움이란 고정된 것이 아니라 변화하는 것이어서 근대의 예술가란 일상생활 속의 찰나적인 것으로부터 아름다움의 영원성을 포착해 내야 한다.

보들레르는 현대미학의 신기원을 열었다고 세계적으로 평가받는 시인이자 비평가이다. 특히 현대미학의 핵심을 '아름답고 고귀한 모든 것은 이성과 계산의 결과물'이라고 한마디로 요약했다. 이때 '계산'을 건축의 기하학적 관점에서 고려한다면 피타고라스가 말하는 '비례적 조화'라는 의미를 함의할 것이다. 그렇다면 바람이라는 자연에 대한 저항으로서 자신이 계산해낸 탑의 곡선은 '우연'이 아니다. 탑의 곡선이 '계산'에 의한 비례적 조화의 아름다움임을 강조한 에펠의 항변은 보들레르의 모더니즘 예술론을 자신의 탑을 통해 그대로 실현했다 할 수 있다.

에펠탑에 관한 논쟁은 단순한 사회적 쟁점에 관한 논쟁이 아니었다. 공학기술과 건축 사이, 과학과 예술 사이의 거리와 그 차이의 본질이 무엇인지를 생각하게 해 준 논쟁이었다. 이 논쟁은 이후 구체화된 예술장르로서 아르누보와 아르데코 같은, 예술에서의 모더니즘으로 실현된다. 그러니까 에펠이 밝힌 탑에 관한 미학적인 내용의 본질은 현대 모더니즘 예술이 시작되기 30년도 더 앞서서 이루어진 모더니즘 예술 논쟁이라 평가할 수 있다.

에펠탑, 예술과 조명과 공감의 치유

탑이 완공되자 거부할 수 없는 작품성과 대중적인 성공으로 탑에 대한 찬반논쟁은 사라졌다. 1889년 박람회 기간 동안 200만 명이 탑에 올랐다. 사람들은 과학과 공학적인 기술도 또 다른 형태의 예술이 될 수 있다는 생각을 하게 되었다. 여러 예술가들이 에펠탑을 자신의 작품에 담기 시작했다.

아직 완공도 되기 전의 탑을 그린 쇠라나 들랑스를 시작으로, 점차 화폭에 에펠탑을 담는 화가가 늘어났다. 두아니에 루소, 위트릴로, 라울 뒤피, 마르크 샤갈 등 이름난 화가들이 그들인데, 사랑과 행복의 장소를 상징하는 모티브로 에펠탑을 그렸다. 떠나온 고향 이미지와 중첩된 파리가 파스텔 톤으로 묘사된 몽환적인 풍경을 그린 샤갈의 그림에는 다양한 형태의 에펠탑이 빠지지 않았다. 에펠탑이 향수에 젖은 예술가의 아픔을 달래준 것이다. 음악가 에릭 사티는 완공된 에펠탑에 오른 후 영감을 받아 우아하고 영묘한 분위기의 '그노시엔'을 작곡하였다.

특히 로베르 들로네는 아예 작품 세계의 중심 주제를 에펠탑으로 삼았다. 그는 큐비즘에 색채를 보태고 이 색채로 리듬을 표현한 화가, 예술 장르 간의 통합을 위해서 과학과 예술의 결합을 시도한 화가였다. 이런 점에서 그의 그림 주제가 에펠탑인 것은 충분히 타당성이 있는 선택이었다. 1차 대전 후 파리로 돌아온 그는 평생 동안 에펠탑을 그렸다. 입체파 풍으로 에펠탑을 그린 작품이 50점에 가깝다. 또한 '파리시'라는 일련의 입체파 그림에서도 에펠탑은 빠지지 않는다. 그에게 에펠탑과 파리는 하나이며 고향 같은 존재였다.

쇠라 「에펠탑」 (1889)　　　　돌로네 「에펠탑」 (1911) / 위키피디아

칼리그람으로 에펠탑을 그린 시인 아폴리네르는 시 구절로도 표현했다. '목녀(牧女)여 오 에펠탑이여 한 무리의 다리 떼가 이 아침 음매 운다'(Bergère ô tour Eiffel le troupeau des ponts bêle ce matin 「구역Zone」 2행)라는 구절을 읽으면 센강 가에 있는 에펠탑을 보는 듯하다. 치마처럼 펼쳐진 네 기둥의 에펠탑을 여자 목동으로, 강에 놓인 다리들을 짐승 떼로

본 것이다. 에펠탑이 서있는 위치가 파리를 가르며 굽어
진 센강의 곡각 끝이어서 마치 탑이 다리들을 이끌고 가
는 것처럼 그린 것이다. 에펠탑을 중심에 두고 센강에 있
는 모든 다리들과 하나로 어울린 풍경을 그린 한 폭의 풍
경화이다. 예술가들이 그린 에펠탑은 이처럼 하나의 예
술 작품으로서 예술가를, 그리고 이를 감상하는 사람들
의 마음을 차지하고 있다.

```
                    S
                    A
                   LUT
                    M
                  O   N
                  D   E
                  DONT
                 JE SUIS
                 LA LAN
                GUE  É
                  LOQUEN
                TE QUESA
                BOUCHE
              O   PARIS
               TIRE ET TIRERA
             T O U        JOURS
             AUX        A  L
          LEM              ANDS
```

아폴리네르의 칼리그람 / 위키피디아

21세기의 에펠탑은 또한 빛의 탑이다. 7월 14일 혁명
기념일에 볼 수 있는 에펠탑 불꽃놀이는 준공 당시에 이
미 시작되었다. 이후 1만 개의 가스 노즐로 조명을 밝
혔으나 1900년 세계박람회 때부터 전기로 대체하였다.

1925년 프랑스의 자동차 메이커인 시트로앵을 위한 상업 광고조명도 잠시 있었다. 그러나 2000년 새로운 세기를 앞두고 밀레니엄 버그 Y2K 때문에 세계가 불안해할 때 에펠탑은 구스타브 에펠이 처음 생각했던 조명을 밝혔다. 80km 바깥에서도 보이는 하얀 빛 두 줄기가 탑 꼭대기에서 360° 회전하는 등대조명으로 새로운 세기를 향한 희망을 비추었던 것이다. 이때 탑 1층 대들보에 2,000년을 위한 D-day를 반짝이며 묵묵히 새로운 시대의 도래를 하루하루 새겼다.

등대조명   21세기 은빛 조명 / 위키피디아

기존의 조명전구에 2만 개를 추가한 에펠탑의 조명은 다채롭다. 일몰 후부터 겨울 새벽 1시까지 혹은 여름 새벽 2시까지 매 시 정각에 한 번 5분 동안 에펠탑 전체가 하얗게 반짝인다. 그 하루를 마감하는 새벽 1시 혹은 2시가 되면 10분 동안 반짝거리는 은빛의 수많은 손짓들은 21세기 에펠탑의 새로운 모습이다. 이를 보는 사람들은 그 자체로 어떤 위안이나 치유를 느낄 수도 있을 것이다.

그러나 이런 모습이 에펠탑이 보여주는 전부는 아니다. 에펠탑은 프랑스가 전 지구적 메시지를 발신하는 거대한 스크린이기 때문이다. 2004년 1월, 동양의 음력설을 축하하는 조명을 장식하며 세계의 절반이 맞이하는 새해를 함께 축하했다. 2007년 파리에서 남아프리카 공화국이 세계럭비대회에서 우승했을 때는 남아공화국의 국기 색깔에 럭비골대 모양의 조명을 설치해 함께 기뻐했다. 2008년 프랑스가 유럽연합 이사회의장국을 맡았을 때는 유럽의회 깃발을 반짝거려 유럽통합의 가치를 밝혔다. 2015년 한국프랑스수교 130주년 기념행사가 시작되는 9월의 에펠탑은 빨강과 파랑의 태극기 색깔로 물들었고 하얀 바탕색은 반짝이는 하얀 서치라이트 조명으로 빛났다.

2015년 11월 14일과 15일 사이 밤 에펠탑은 어둠에 휩싸였다. 130명이 사망하고 400명 넘는 시민이 부상당한 13일 금요일 발생한 파리 테러희생자를 추모하기 위해서였다. 16일 월요일부터는 프랑스의 삼색기 조명에 1층 대들보에 파리시의 라틴어 모토 '파도에 치인다. 그러나 침

몰하지 않는다[Fluctuat nec mergitur]'라는 문구를 밝혔다. 파리는 이 고난의 파도를 이겨낼 것이라고 파리 시민들을 격려한 것이다.

유엔 기후변화 회의가 파리에서 개최되었던 2015년 11월 30일부터 에펠탑은 초록으로 물들었다. 전 세계인에게 기후위기에 대한 경각심을 촉구한 것이다. 2016년 3월 22일 벨기에 브뤼셀 테러 때는 벨기에 국기색깔 조명으로 애도했고, 2017년 5월 23일 영국의 맨체스터 테러 때는 애도의 상징으로 또한 조명을 껐다. 2019년에는 유방암 퇴치 운동을 지지하는 핑크빛 조명이 빛났다. 2023년 10월 7일 팔레스타인의 하마스가 축일을 맞은 이스라엘 마을을 테러했을 때도 이스라엘 국기를 조명으로 장

식하며 위로의 메시지를 보냈다.

에펠탑은 테러같이 슬픈 일이든 유럽통합 같은 기쁜 일이든, 기후협약이나 유방암 같은 인류의 미래에 대한 관심이든, 세계적인 이슈에 대한 공감과 지지와 염려를 함께 나누는 스크린이 되었다. 파리가 전해주는 또 하나의 사랑의 모습이다. 그냥 서있는 에펠탑이 아니다. 자태가 아름다운 것도 그냥 아름다운 것이 아니고 반짝이는 조명이 멋진 것도 그냥 멋진 것이 아니다. 우리가 보는 에펠탑은 그 자체가 아름다움이며 즐거움이지만, 그 안에는 지나온 시간의 보이지 않는 많은 이야기들이 담겨있다. 그리고 에펠탑이 발신하는 메시지는 세계인들에게 공감과 축하, 위로와 격려를 전하고 있다.

4.

파리는 당신을 기억합니다

societas

Collectio Humanitatis pro Sanatione XII

흔히 낭만과 예술의 도시라 부르는 파리에서, 그것도 에펠탑이 바로 앞에 보이는 파리의 한 가운데에서 넓은 묘지를 만날 수 있다. 산이나 언덕이 아니라 큰길 바로 옆, 건물들과 인접한 주거지 한 가운데 있기 때문이다. 파리의 구도심 안에는 모두 14개의 묘지가 있는데, 그중 규모가 큰 네 개의 묘지가 동서남북 도심에 고루 나뉘어 있다. 그리고 센강 좌안 14구에는 지하묘지가 있다. 입구가 몽파르나스 묘지 바로 옆, 시테섬에서 남쪽으로 약 2km 정도 떨어진 곳이니 파리 도심 한가운데이다. 시내 한 가운데, 내가 사는 집 바로 옆에 넓은 묘지가 있거나 혹은 내 집의 지하 20m 아래에 해골이 넘쳐나는 소위 기피 시설이 있다는 것이다.

파시 묘지 / 위키피디아

　파리가 문화와 예술이 넘치는 아름다운 도시, 사랑과 낭만의 도시라고 알고 있는 사람이 이런 묘지를 보면 언뜻 이해하기 어려울 수도 있다. 그러나 이런 묘지가 도심에 있는 이유를 생각해 보아야 한다. 물리적인 이유로는 파리가 아주 오래된 도시라는 점을 들 수 있을 것이다. 그 옛날 시테섬에서 출발하여 조금씩 도시의 경계를 확장해나갔고 근대도시로 발전하면서 피할 수 없었던 결과물이 도심의 묘지일 수 있기 때문이다. 그러나 근본적인 이유는 따로 있다. 파리가 자신의 시민을 잊지 않고 기억하려 노력한 때문이다.

　내가 죽어서 이 도시를 떠나도 나를 기억해주리라는 믿음은 내가 느낄 수 있는 가장 근본적인 사랑과 치유이다. 파리의 지하묘지 카타콩브와 파리 시내의 묘지는 한

마디로 파리가 자신의 도시에 살았던 시민들을 기억하겠
다는 의지의 형상화이다. 파리가 자신의 도시에 살았던
사람들을 어떤 방식으로 기억하고, 그 기억을 어떻게 문
화적으로 가꾸어 나갔는지를 살펴보는 것은 파리를 사랑
의 도시, 치유의 도시라고 말할 수 있는 또 하나의 근거
가 될 것이다.

1)

파리 카타콩브

　파리의 수많은 건축물들, 여러 다리들, 기념물들이 거의 모두 석조인 것을 우리는 안다. 그들 중에는 흔히 기원전 고대 갈로로만 시대 때 세워진 것들도 있다. 파리는 물론이고 주변에 산도 하나 없는데 어디에서 저 많은 석재들을 캐어 왔을까. 고대부터 19세기 후반 파리개조사업 때까지 지어진 건축물, 축조된 성곽에 사용된 엄청난 분량의 석재의 출처가 궁금하다는 것이다.

　파리 도심 20m 지하에 채석장이 있었다. 수십 세기 동안 거기서 캐낸 돌들이 모두 파리의 건축을 위해 사용되었다. 외부에서 재료를 들여올 필요가 없었으니 그만큼 건축이 손쉬웠고, 그래서 파리에 그 많은 석조 건물을 지을 수 있었다. 채석장의 길이가 약 300km나 된다 하니, 석재를 캔 파리의 지하는 거의 모두 빈 동굴이라 할 수 있다. 지반이 침하하여 창틀이 뒤틀리고 집이 기울어진다는 뉴스가 지금도 툭하면 언론에 보도된다. 센강 좌안

뿐만 아니라 우안의 북쪽에도 퍼져있어 범위가 넓다. 사람들 말처럼 파리의 땅 밑은 스위스 치즈처럼 구멍이 숭숭 뚫려있다.

프랑스 국영 FRANCE 2 TV, 2021년 6월 23일 20시 뉴스 화면 캡처

그런데 지금 파리의 이 지하에 약 600백 만 명에 해당하는 사람의 해골이 쌓여있다. 도심 한복판 지하에 옛날 채석장이 있었다는 것은 수긍이 되지만, 이렇게 많은 해골이 쌓여있다는 것을 이해하기는 쉽지 않다. 해골이 쌓인 채석장 중 일반에 공개된 부분은 1.5km, 지하채석장 전체 길이의 약 0.5%인 '파리 카타콩브' 박물관이다. '카타콩브(catacombes)'라는 이름은 로마의 고대 지하묘지 '카타콤(catacombe)'에서 빌려왔는데, 그리스어 카타(κατα, 저 아래)와 라틴어 툼바(tumba, 무덤)가 합쳐진 말이다.

로마의 카타콤catacomb = 그리스어 카타(κατα 저 아래)
+ 라틴어 툼바(tumba 무덤) = 지하 무덤 / 위키피디아

카타콩브 조성 배경

파리의 지하채석장이 이런 초대규모 지하묘지로 바뀐 것은 18세기를 거치며 진행된 도시화와 관계된다. 고대 파리의 외곽에 많은 묘지가 있었다. 원래는 외곽이었지만 파리가 점차 그 면적을 확장해 가자, 많은 묘지가 자연스레 도심에 위치하게 되었다.

대표적인 경우가 지금의 위치로는 파리 한복판 1구에 있었던 이노센트 묘지이다. 이 묘지는 5세기 경 이 이름의 성당 둘레에 있던 묘지였는데, 센강 우안에 있던 여러 성당 교구의 시신을 매장했다. 묘지 이름 '이노센트'는 예수가 탄생했을 때 베들레헴에 살았던 두 살 미만 유대인 아기들이 헤롯왕의 명령으로 학살당한 이야기에서 비롯된다. 이 아기들을 '이노센트 성인들[Saints Innocents]'이라 불렀던 데서 나온 이름이다.

처음 조성할 5세기경 묘지의 위치는 파리 외곽이었으나, 18세기 때 이곳은 파리의 완전한 중심지가 되었다. 교외의 조그만 묘지가 파리에서 가장 큰 묘지가 되었고, 점차 건물로 둘러싸였다. 파리의 가장 번화한 도심의 묘지가 되었다. 그러니까 1,300년 동안 파리 22개 교구의 시신과 시립병원, 시체공시소의 시신이 이곳에 쌓여갔던 것이다.

허물기 전 1786년의 이노센트 묘지 납골당 / 위키피디아

도심의 좁은 묘지에는 전쟁과 전염병과 기근으로 쌓인 시신이 부패되지도 못한 채 넘쳐났다. 가난한 사람들은 묘지 터를 살 돈이 없어서 시신을 몰래 버리는 일까지 잦았다. 공동묘혈은 그 깊이가 10m를 넘었고 18세기 말에는 묘지의 흙이 주변 도로보다 2m도 더 높게 쌓였다. 그러자 오래전부터 제기되어온 위생문제가 현실로 드러나게 되었는데, 수천의 시신들이 끊임없이 부패하면서 질병을 일으켰다. 비가 오는 상황을 떠올려 보면 전체적인

주변 위생 상태를 충분히 짐작할 수 있다.

이미 16세기 중반에 파리대학 의사들이 쉼 없이 계속되는 시신 부패가 전염병을 일으킨다고 경고하였다. 18세기 초 왕립과학아카데미도 이 사실을 인정했지만, 바뀐 것은 없었다. 새로운 묘혈을 만들기 위해 주기적으로 기존 묘혈을 비웠고, 유해는 묘지 가장자리에 있는 대규모 납골당에 쌓았다. 묘혈 파는 한 인부의 증언에 따르면 18세기 후반 30년 동안 최소 9만 구의 시신을 매장했다고 한다.

18세기의 한 기록을 보면 묘지 인근 동네에서는 와인이 식초로 변하는데 1주일이 걸리지 않았고, 식품은 단며칠이면 부패했다. 우물 또한 쉬 오염되어 사용할 수 없게 되었다. 철학자 볼테르도 시민들의 위생을 무시하고 막무가내로 시신을 매장하는 종교당국을 비판하기에 이르렀다. 1765년에는 파리 시의회가 시내에 시신 매장을 금지했고, 시 경계 바깥에 로마식 묘지 8개를 건설하였다. 그러나 전통을 따르는 민중들의 신앙심과 종교당국의 반대로 도심 묘지문제는 쉽게 개선되지 못했다.

그러던 1780년 초, 묘지 인근 지하실에서 이상한 현상이 신고되었다. 시신이 부패한 역겨운 냄새가 벽을 뚫고 스며들고, 등잔불이 꺼진다는 것이었다. 파리시 당국은 인근 모든 건물의 지하실 벽에 석회를 바르는 임시 조치를 취했는데, 그해 5월에 끔찍한 사건이 발생했다. 공동 묘혈 깊게 수천 구의 시신이 쌓이자 그 압력으로 시신 무더기가 인접 건물의 지하실 벽을 뚫고 밀려들어온 것이다. 파리시 위생 담당관은 생석회로 지하실을 모두 묻어 버리고 묘지를 폐쇄했다. 5년 동안 폐쇄되어 출입이 금지된 묘지는 폐허가 되었고 점차 사람들의 관심에서 멀어졌다. 이런 상황 덕분에 몇 년 후에는 반대 의견을 묵살하고 묘지를 이전하는 것이 가능하게 되었다.

붕괴된 카타콩브 위 건물. 파리 구드롱 거리, 카르나발레 박물관 / 위키피디아

묘지 폐쇄 결정을 내리게 된 데는 다른 이유도 있었다. 당시 비대해진 파리에 시장이 부족했는데, 특히 묘지 바로 옆에 있던 도매시장 레알의 부지가 좁아서 이제 묘지 터를 넘보게 되었던 것이다. 그러니까 묘지를 폐쇄하고 이전하면 그 터를 시장터로 삼을 수 있으니, 파리의 경제

중심지를 더 넓게 조성도 하고 밤낮없이 붐비는 교통도 개선하는 계기가 될 것이라 계산하였다.

파리 시내에서 매장이 엄격히 금지되었지만, 그렇다고 폐쇄된 묘지에서 넘쳐나는 오염물에 대해서는 어떤 대안도 마련할 수 없었다. 그러던 차에 1782년 런던에서 발행된 어떤 보고서가 아주 기발한 해결책으로 떠올랐다. 고대 로마의 지하묘지에서 영감을 받는데, 파리 지하에 있는 옛 채석장을 이용하자는 것이었다.

애초부터 무덤으로 사용할 목적으로 지하에 조성한 로마의 카타콤이라는 이름이 1782년 이렇게 파리의 지하묘지에 엉뚱하게 적용되었다. 이제 1785년부터 법적으로 이노센트 묘지는 폐쇄된다. 다른 한편 파리시는 시 외곽이었던 몽후즈 지역의 몽수리 들판을 매입하고, 그 아래 1.5km의 빈 채석장에 1만 천m²의 지하묘지를 조성하였다.

카타콤브 조성 과정

15개월간 계속된 유골 이장은 성공적으로 마무리되었다. 이를 모델로 행정당국은 묘지 이장 조치를 확대하기로 결정한다. 이노센트 묘지를 선례로 파리 시내에 있는 다른 묘지들, 특히 성당 부속묘지들을 1788년까지 모두 폐쇄하고 유골을 옮기기로 한 것이다. 이 작업은 1814년까지 계속되었고, 1842년에 다시 시작되어 1860년까지 이어진다. 이 기간 동안 마차 800대가 넘는 분량의 유골을 이장한다. 그 결과 파리 시내에서 공공묘지 17개, 수도원이나 수녀원, 기타 종교 단체 묘지 145개, 사설 묘지 160개에 있던 유골들이 모두 카타콩브를 채우게 된다.

채석장 바닥에서 유골을 받으면 이를 외바퀴 수레에 싣고 정해진 구역에 차곡차곡 쌓는 방식으로 정리했다. 각 구역에는 어느 묘지에서 언제 옮겨온 유골인지를 정확히 기재해 놓았다.

이노센트 묘지의 발굴과 이장(1787) (좌) 유골을 출토한 묘지 이름 'BLANCS MANTEAUX'와 이장 날짜(1804년 6월 22일)가 기록되어 있다 (우) / 위키피디아

약 1세기 동안 이런 과정을 거쳐 1,300년 동안 파리 시내에 쌓여있던 600만 구 이상의 유골이 지하 채석장에 모이게 된 것이다. 지금은 사람들이 방문할 수 있는 세계 최대의 지하묘지, 박물관이 되었다.

카타콩브가 처음으로 형태를 갖추자 곧바로 사람들은 호기심을 가지기 시작했다. 1787년 처음 카타콩브를 방문한 사람은 나중 왕정복고 때 프랑스의 왕이 될 샤를 10세와 궁정의 여인들이었고, 이듬해에는 마리 앙투아네트의 절친한 친구였던 폴리냑 부인 등 귀족들이었다. 대중들은 1806년 정식 개장 때 방문이 가능하게 되었다. 부정기적인 개방이었고 이를 방문한다는 것은 상당한 특권이었다.

1809년에는 정기적으로 문을 열었는데, 길을 잃을 위험이 있었으므로 동굴의 천장에 검은 색의 라인을 '아리아드네의 실'처럼 그려놓았다. 실제로 1793년에 몰래 카타콩브에 들어갔다 11년이 지나서 시신으로 발견된 예도 있다. 1810년과 11년, 해골들을 가지런히 정리하고 꾸미면서 문학, 철학, 유명한 시에서 인용한 구절들을 판에 새겨 장식했다. 그러나 종교 당국은 신성한 죽음의 장소를 일반인들이 재미로 방문한다는 것이 적절치 않다는 이유를 들어 당국에 일반인 출입금지를 요청하였고, 20년 가까이 문을 닫은 적도 있다. 이후 1년에 두 번, 세월이 지나면서 한 달에 두 번, 그리고 11월 2일 죽은 자들의 날 등에 지하에서 미사 집전과 함께 개방하였다.

1972년까지는 방문객들이 직접 양초를 들고 가야 했으나, 유골 보존과 안전을 위해 1983년 전기를 가설하였다. 이후 유골 벽을 다시 쌓고, 궁륭과 조명을 보강하고, 특히 화재 예방과 연기 차단, 비상 사다리 설치 등의 안전

시설을 강화했다. 또한 입구와 출구를 지나는 사람을 자동으로 계산하여 관람객이 실종되는 경우를 예방하는 시스템도 갖추었다.

카타콩브, 죽음에 대한 기억 방식

130개의 계단으로 지하 20m를 내려가면 갤러리에 카타콩브에 관한 간단한 역사가 소개되어 있다. 입구에 들어서면 그 상인방에 '멈추어라, 여기가 바로 죽음의 제국이니라.'라는 고대 로마의 시인 버질의 시 구절이 새겨져 있다. 그리스 신화에서 아이네이아스가 스틱스 강을 건너려 할 때 뱃사공 카론이 한 말인데, 살아있는 자가 이제 죽음의 세계로 들어가는 경계에 서있음을 알리는 표현이다.

버질의 시 구절과 천장의 검은 선 / 위키피디아

꼬불꼬불한 동굴 갤러리에 600만 명에 해당하는 해골이 약 1.5m 높이로 쌓여있다. 두개골로 중간에 장식 띠를 만들어 높게 쌓아 올렸는데, 해골 벽 뒤에는 수많은 해골이 무더기로 쌓여있다. 유골 출처와 이장 시기를 적은 명패 이외에 성서 구절, 유명 작가의 글귀나 경구를 인용해서 적어놓았다. 바흐가 작곡하여 잘 알려진 〈성모 마리아 송가(Magnificat)〉의 '권세 있는 자들을 왕좌에서 끌어내리시고 비천한 자들을 높이 올리셨다.'와 같은 누가복음의 구절에서부터 '지상의 모든 것은 사라진다 / 똑똑함, 미모, 잘난 재주 / 조금만 바람이 불어도 꺾여버리는 / 찰나의 꽃과 같으니.'와 같은 출처 불명의 시구까지 다양하다. '사물의 원인을 알 수 있었던 사람은 행복 하나니, / 아무리 두렵고 운명이 냉혹하다 하더라도, / 인색하게 날뛰는 아케론도 짓밟아 버리리라.' 루크레티우스의 에피쿠로스적인 성찰집 『사물의 본성에 관하여』라는 책에 나오는 구절인데, 여기서 사물의 원인이라 함은 자연의 섭리를 뜻하고, 살아생전 행했던 농사와 같은 자신의 일을 가리킨다. 자신에게 주어진 일을 자연의 섭리에 따라 열심히 한 사람은 죽음 앞에 두려워할 것이 없다는 의미이다. 죽은 자들을 위로하는 메시지가 아닐 수 없다.

『사물의 본성에 관하여』의 한 구절이 새겨진 현판 / 위키피디아

천장이 원형인 어떤 갤러리 가운데에 샘이 하나 있는데 이는 납골당 공사를 하던 중 한 인부가 발견한 지하수맥이다. 사람들은 이 샘을 요한복음에 나오는 사마리아 여인의 샘으로 부르기도 했지만, 흔히는 레테 강물, 망각의 강물로 비유했다. 유골들이 생전에 지상에서 살았던 모든 기억을 지우고 저세상에 가서 편안히 쉬기를 바라는 마음을 담은 것이다. 지하묘지의 영령들을 편안하게 하려고 그리스 신화를 파리의 지하묘지에 그대로 투영했다.

다른 수백만의 이름 없는 파리사람들의 유골과 뒤섞여 찾을 수는 없지만 600백 만 유골 중에는 유명한 사람들의 유골도 많다. 어떻게 보면 살아생전 신분의 귀천을 버리고 죽음 앞에서 모두 평등한 도시를 이룬 파리의 지하

세계임을 보여준다. 카타콩브를 처음 만들고 이장 작업을 지휘했던 책임자 기요모도 1807년 사망해서 성 카트린 묘지에 묻혔는데, 그 묘지의 모든 유골들이 카타콩브로 이장된 것이다. 루이 14세의 재무총감이었고 보르비콩트 성의 주인이었던 니콜라 푸케, 재무대신이었던 콜베르도 이와 같은 경우이다. 성 바오로 성당에서 옮겨온 유골 중에는 백과전서파이며 프랑스 계몽주의 철학자였던 라블레, 루이 14세 시대의 유명 건축가였던 삼촌과 조카 망사르, 루이 14세의 사생아로서 프랑스 역사에서 가장 인기 있는 '철가면' 장 밥티스트 륄리 등이 있다.

생테티엔느 성당에서는 철학자이자 과학자였던 파스칼, 혁명가 마라, 나폴레옹 1세 때 유명 장군이었던 생쉴피스 공작, 계몽철학자 몽테스키외가 옮겨졌다. 그리고 생브누아 묘지에서 온 샤를 페로 형제도 있다. 혁명가 마라를 죽였던 샤를로트 코르데와 혁명의 풍운아들이 파리의 묘지에 묻혀 있다가 카타콩브로 옮겨졌는데 당통, 로베스피에르와 에펠탑에도 이름이 새겨진 라부와지에가 있다. 혁명의 이쪽에 섰든 저쪽에 섰든 이제 평화롭게 모두 카타콩브에 모여 있다.

카타콩브의 관리와 운영을 1983년부터 파리시의 문화국이 맡고 있다. 21세기 들어 카타콩브는 카르나발레 박물관 산하의 정식 박물관이 되었고, '파리시의 역사와 기억을 위한 장소'로 인정되었다. 도시의 확장으로 시내 묘지를 폐쇄할 수밖에 없었던 상황에서 이름 없는 사람들의 유해까지 폐기처리하지 않고 모두 새롭게 안치한 카타콩브. 파리라는 도시가 자신의 도시에 저 옛날에 살았던 사람들, 민초들까지 빠트리지 않고 기억하는 방식이다. 유해의 출처와 이장 시기를 일일이 기록하고, 성구나 문학작품의 적절한 구절로 주검들을 위로한 것은 파리가 보여주는 자신의 시민을 치유하고 기억하는 또 하나의 모습이다.

2)

파리의 묘지와 추모기념물

카타콩브로 유골을 옮기고 파리 시내의 모든 묘지를 폐쇄하자 18세기 말에 이미 파리의 지상 묘지가 부족해졌다. 파리시 외곽에 대규모 묘지 네 개를 19세기 초에 새로 조성했는데, 파리의 중심인 시테섬을 기준으로 동서남북에 배치된 페르 라쉐즈, 파시, 몽파르나스 그리고 몽마르트르 묘지이다. 도시화의 속도가 너무 빨라 1860년에 이들도 파리에 편입되었고 지금은 시내의 번화가에 속한다.

파리는 이 묘지들을 새롭게 변화시켜 나간다. 자신의 시민뿐만 아니라 파리와 프랑스를 위해 봉사하고 희생했던 사람들, 파리코뮌과 같은 비극의 희생자들, 프랑스를 위해 싸우다 산화한 외국 군인들까지 기억하며 추모하는 장소로 이 묘지들을 가꾼 것이다. 이뿐 아니다. 파리의 거리 한가운데서도, 공공기관의 건물에서도 이런 기억과 추모의 장소를 만나기는 어렵지 않다. 죽음과 이에 대한 기억과 추모의 장소가 지금을 살아가는 오늘의 파리 사람들에게, 파리의 여행자에게 어떻게 사랑 혹은 치유가 될 수 있을까. 파리라는 도시가 품은 또 다른 사랑의 숨결을 느낄 수 있다.

페르라쉐즈 묘지

페르라쉐즈는 1804년 20구에 조성된 파리에서 가장 큰 영국식 정원의 묘지이다. 유명 인사들이 많이 잠들어 있어서 1년에 3백 50만 명 이상이 찾는다. 묘지의 이름이 된 페르 라쉐즈Père Lachaise, 라쉐즈 신부는 루이 14세의 고해성사를 34년 동안이나 맡았던 예수회 신부였다. 라쉐즈 신부가 살았던 옛날 예수회의 소유지에 새로운 묘지를 세웠기 때문에 묘지의 이름으로 사용되었다.

대통령이었던 나폴레옹은 '모든 시민은 인종과 종교에 무관하게 죽고 난 다음 땅에 묻힐 권리가 있다.'고 선언했다. 무신론자나 파문당한 사람, 연극배우나 가난한 사람도 묘지에 매장이 가능하도록 한 것이다. 그런데 1804년 묘지가 개장되었던 당시에는 파리에서 먼 변두리여서 시민들의 관심을 전혀 끌지 못했다. 10년이 지나도록 겨우 2,000기일 정도로 매장 숫자가 미미했다. 1817년, 파리

도지사는 당시 막 문을 닫은 프랑스 기념물박물관에 있던 몰리에르, 라퐁텐, 그리고 엘로이즈와 아벨라르의 유해를 페르라쉐즈 묘지로 옮겨 안장한다.

몰리에르는 17세기 프랑스를 대표하는 배우이자 희극 작가이며 지금도 세계적인 문호로 추앙받고 있다. 당시 가톨릭의 관례는 연극인의 묘지 매장을 허락하지 않았다. 자신의 직업을 포기한다는 각서에 서명했을 때만 매장할 수 있었는데 진정한 연극인 몰리에르는 애초부터 서명을 거부한 것이었다. 종교계가 곤란에 처했다. 그의 매장을 거부했을 때 닥칠, 그를 사랑했던 민중들의 반발이 걱정되었다. 관례를 무시하기도 어색했던 파리대주교는 몰리에르의 부인이 남편의 종부성사를 신청하였다는 사실을 생각해 냈다. 이를 핑계로 야밤에, 아무런 제례의식 없이, 신부 두 명만이 장례를 치르는 조건으로 인근의 조그만 샤펠의 묘지에 묻힐 수 있었던 몰리에르였다. 라퐁텐느 또한 세계적으로 잘 알려진 17세기의 우화 작가이다. 몰리에르와 같은 시대 같은 도시에 살면서 같은 왕궁을 드나들었다. 두 문우는 이제 페르라쉐즈에 나란히 누워있다.

라퐁텐느(왼쪽)와 몰리에르의 무덤

　그런데 엘로이즈와 아벨라르는 12세기에 살았던 연인
이다. 아벨라르는 중세 파리의 명망 있는 철학자였으며
엘로이즈는 부모 없이 삼촌 집에 살고 있었다. 엘로이즈
의 가정교사가 된 아벨라르, 이렇게 만난 둘은 이내 사랑
에 빠졌다. 엘로이즈의 임신과 출산 그리고 비밀 결혼 이
후 삼촌의 화를 피하려고 아벨라르는 그녀를 잠시 수녀
원으로 피신시킨다. 엘로이즈를 버린 것이라 오해한 삼
촌 퓔베르는 아벨라르를 거세함으로써 처벌한다. 엘로이
즈는 수녀가 되고 아벨라르 또한 수도사가 된다. 이렇게
둘은 헤어져야만 하는 운명을 받아들인다.

　20년 세월이 흐른 후. 아벨라르는 자신의 아픈 사랑
을 「내 불행한 이야기」라는 작품으로 발표하는데, 엘로이
즈가 이를 우연히 읽게 된다. 엘로이즈가 아벨라르에게

연락하면서 두 사람은 서로 그리워하며 주고받는 편지로 다시 만난다. 수도사와 수녀원장이 된 이들이 주고받은 편지가 유럽 고전문학의 백미가 되었고, 600년 후 꽃 피어난 낭만주의 문학의 원조 모델이 되었다.

아벨라르가 죽자 수도원을 설득해 시신을 찾아온 엘로이즈는 직접 그의 장례를 치르고, 자신이 죽은 후에는 아벨라르와 함께 묻힌다. 이들의 사랑 이야기는 하나의 신화가 되어 전 유럽에 퍼졌다. 아벨라르는 철학과 신학자로, 엘로이즈는 자유연애의 선구자, 프랑스 최초의 여성 작가이자 학자, 뛰어난 라틴어 문필가로 추앙받았다.

600백 년의 세월을 건너뛴 1761년, 장 자크 루소는 이 이야기를 다시 세상으로 불러낸다. 사랑의 열정을 억누른 채 평생을 그리워하며 숭고하게 승화시킨 이들의 삶을 각색하여 서간체 소설 『누벨 엘로이즈』, 신(新) 엘로이즈로 발표한 것이다.

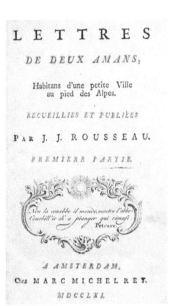

LETTRES

DE DEUX AMANS,

Habitans d'une petite Ville
au pied des Alpes.

RECUEILLIES ET PUBLIÈES

PAR J. J. ROUSSEAU.

PREMIERE PARTIE

Non la conobbe il mondo, mentre l'ebbe:
Conobbil' io ch' a pianger qui rimasi.
Petrarc

A AMSTERDAM,

Chez MARC MICHEL REY.

MDCCLXI.

루소의 서간체 소설 『신 엘로이즈』 초판 속표지(1761년)

철학의 세기이자 계몽주의 시대인 18세기 후반의 이성적인 분위기에서 이 작품은 다가올 유럽 낭만주의 문학의 부활을 예고하면서 선풍적인 인기를 끌었다. 조금 뒤인 1774년 발표된 괴테의 『젊은 베르테르의 슬픔』도 전 유럽 젊은이들의 심금을 울렸다. 이런 시대적 분위기를 읽었던 파리시는 아름답게 장식한 새 묘지에, 살아서는 함께하지 못했던 중세의 슬픈 연인들의 시신을 모셔 나란히 합장한 것이다. 파리 도지사가 생각한 교외의 묘지 홍보는 제대로 효과를 거두었다. 무덤이 제막되는 날 엄청난 인파가 모였고 그들의 무덤은 이제 자유연애, 자유 사상의 순례지가 되었다.

1831년과 2013년 아벨라르와 엘로이즈의 무덤.
낭만주의 젊은이들이 숭배한 장소가 되었다. / 위키피디아

이처럼 페르라쉐즈는 역사적으로, 세계적으로 잘 알려진 사람들이 묻힌 장소가 되었다. 왈라스 샘을 만든 리차드 왈라스, 음악가 로시니, 시인 알프레드 뮈세, 소설가 오노레 드 발자크와 마들렌느 효과로 잘 알려진 시간의 소설가 마르셀 프루스트, 미라보 다리의 시인 아폴리네르, 현대 프랑스의 명배우 부부였던 시몬 시뇨레와 이브 몽땅, 항상 검은 의상을 입고 무대에 올랐던 전설의 샹송가수 에디트 피아프가 그들이다. 또한 몽마르트르의 보헤미안이었던 미남 화가, 그러나 그 사랑이 너무나 슬펐던 모딜리아니의 소박한 무덤에는 그가 죽자 다음 날 투

신해버린 어린 아내 잔 에뷔테른이 10년 뒤에야 합장되었다. 이집트 상형문자를 해독하고 오벨리스크를 콩코르드 광장으로 가져올 수 있게 했던 샹폴리옹은 그 무덤에도 오벨리스크가 장식되어 있다. 방돔 광장에서 세상을 떠난 쇼팽은 고국 폴란드로 돌아가지 못해서인지 묘지를 지키는 뮤즈 조각상도 슬픈 모습이다. 영국에게 쫓겨나 파리에 망명했던 아일랜드의 가난한 극작가 오스카 와일드는 이제 아주 현대적인 주택에 잠들어 있다.

몽파르나스와 몽마르트르 묘지

몽파르나스 묘지도 그렇다. 전체적으로 현대의 대중예술가를 포함한 전 장르의 예술가가 다른 분야의 인물보다 훨씬 많다. 예를 들어 자크 시락과 같은 프랑스 대통령도 있지만 상징주의 시인 보들레르, 음악가 생상스, 에펠탑에 독설을 퍼부었던 소설가 모파상, 그리고 실존주의 철학과 계약결혼으로 유명한 사르트르와 시몬 드 보부아르가 나란히 한 무덤에 잠들어 있다.

대혁명 전에는 묘지도 교회의 재산이었다. 1791년 법률에 의해 국가의 재산이 되었는데, 그 대표적인 경우가 몽마르트르 묘지이다. 몽마르트르 묘지에도 많은 사람들이 있지만, 알만 한 사람들만 들어 본다면 음악가 베를리오즈, 가수 달리다, 화가 드가 등이다. 또 독일 낭만주의를 대표하는 시인, 파리의 7월 혁명을 찬양한 글 때문에 조국으로 돌아가지 못하고 파리에서 병든 생을 마감한 하인리히 하이네, 방랑의 시 한 연이 그의 인생을 말해주는 듯 묘지 뚜껑에 새겨져 있다. 영화감독 트뤼포, 소설가 에밀 졸라 등이 있고, 그림으로 루브르 박물관에 여전히 젊은 모습으로 살아있는, 프랑스 살롱문학을 대표하는 작가 레카미에 부인의 무덤도 있다. 특히 뒤마 피스의 소설 『동백 아가씨』의 주인공이었던 실제인물 알퐁신 플레시의 묘지가 있는데, 소설을 통해 알려진 인물이 죽은 후 150년이 훨씬 지났음에도 그 무덤 앞에 사진과 많은 꽃이 놓여있다. 저만큼 떨어져 있는 이 소설의 작가 뒤마 피스의 무덤이 왠지 쓸쓸해 보인다.

알퐁신느 플레시의 무덤

어떤 묘지이든 무덤과 그 장식들이 조각 작품처럼 아름다워서 마치 예술작품 같다는 생각이 들 때가 많다. 그래서인지 많은 무덤들이 '파리 역사 기념물'로 지정되어 있지만 정작 놀라운 점은 따로 있다. 이런저런 무덤 앞에 놓인 싱싱한 꽃을 볼 때, 혹은 무덤의 주인공이 쓴 책이나 그에게 쓴 편지가 반짝반짝 놓인 것을 볼 때이다. 특히 사르트르와 시몬 드 보부아르가 합장된 무덤의 비석 여기저기 찍혀 있는 빨간 립스틱의 키스마크는 신선한 충격이다. 많은 사람들이 순례하는 마음으로 이들의 무덤을 찾는다는 의미이다.

사르트르와 보부아르의 무덤

학교가 방학일 때 묘지를 방문하면 흔히 중학생 정도의 아이들이 이리저리 복잡한 길을 헤매며 무덤을 찾아다니는 것을 볼 수 있다. 교과서에 나오는 인물들의 묘지를 찾는 것이 놀이 겸 숙제로 주어진다고 한다. 학생들뿐만 아니라 일반인들도 좋아하는 인물의 묘지를 찾아 그 의미를 새기는 모습을 흔히 볼 수 있다.

어느 날 보들레르의 무덤을 찾았을 때이다. 다른 방문객들이 왔고 한 사람이 함께 온 사람에게 보들레르에 대해, 그의 시에 대해 한참 설명하더니 자신이 가장 좋아하는 시라면서 그의 시 한 편을 낭송하는 것이었다. 고개를 끄덕이며 듣고 있던 사람도 꽤나 진지한 표정이었다. 죽은 지 160년이 더 지난 한 시인의 무덤 앞에서 만난 이런 모습은 파리의 묘지가 가진 또 다른 교감의 풍경이었다.

죽음과 희생에 대한 공공의 기억

파리코뮌 시민군 추모비 / 위키피디아

파리의 주요 묘지는 또한 기억해야 할 죽음을 공공의 역사로 기록하여 따로 추모하고 있다. 페르라쉐즈 묘지에 조성된 파리코뮌 시민군의 벽이 아마 가장 알려진 추모비일 것이다. 정부군에게 저항하다 여기 묘지로 쫓기어 체포되고, 묘지 남쪽 벽에서 총살당한 시민군들을 위한 추모비이다. 가장 오래된 기념비로는 19세기 초 공화파의 반란 때 희생된 군 희생자들을 위한 기념비, 루이 필립에 대한 불발 테러 때 희생된 민간인들을 위한 기념비가 있다.

또한 1870년 프로이센 전쟁과 파리봉쇄로 사망한 프랑스 군인들을 위한 추모비가 있으며, 제1, 2차 세계 대전, 알제리 전쟁 등 프랑스가 치렀던 많은 전쟁 때 희생한 사람들을 추모하는 납골추모비도 있다. 이런 전쟁에서 프랑스를 위해 싸우다 전사한 체코슬로바키아, 그리스, 벨기에, 아르메니아 등의 외국 군인들을 위한 추모비도 빠지지 않았다.

이들 묘지를 통해 파리를 위해 봉사하고 희생한 사람들도 기억한다. 1889년 파리 자선바자회 때 화재사고로 사망한 시민들을 위한 추모비가 그 예가 되겠다. 그리고 경찰, 군인, 소방대원, 세관원, 시립병원 등 위험직군에 근무하다 사망한 공무원들을 위한 납골추모비를 보면, 공공을 위해 일하다 희생한 사람들을 일일이 기억하여 역사로 남기는 것을 알 수 있다. 파리가 기억해야 할 사건과 죽음을 아름다운 조형과 함께 관리하는 것이다. 많은 예술가들은 물론이고 파리의 비극적인 역사에서 희생

4. 파리의 묘지는 기억한다

된 사람들과 파리와 프랑스를 위해 죽은 사람들의 유골
을 기념비와 함께 기억하고, 아름답게 기록하고 있다. 그
렇다면 이들 묘지는 단순한 묘지가 아니다. 오래된 도시
파리와 파리의 사람을 기록하는 일종의 역사책이라고도
하겠다.

개선문의 무명용사의 무덤

이런 집단 기억의 형태는 묘지 이외에도 다양하다. 살
아있는 사람들의 공간인 도시의 거리 한가운데서 여러
추모납골기념물들을 만나는 경우가 흔하다. 바스티유 광
장의 7월 기념탑 아래에는 1830년 영광의 3일 동안 혁명
을 위해 싸우다 죽은 시민들의 500여 유해가 안치되어
있다. 에투알 광장의 개선문에도 무명용사의 비석 아래 1
차 세계대전 때 프랑스를 위해 싸우다 전사한 군인들의
유해를 안장해 두었다. 플랑드르, 샹파뉴, 베르덩, 로렌
등의 격전지 아홉 곳에서 전사한 아홉 명 무명용사의 유
해이다. 그 대표성을 생각하면 이 또한 엄청난 의미의 납

골묘지로서 파리에서 가장 큰 교차로 한 가운데 있는 셈이다.

심지어 공공기관에서도 만날 수 있다. 생화학자이며 세균학의 시조로 알려진 루이 파스퇴르는 파리 15구 파스퇴르 연구소의 사람들이 지나다니는 지하 현관 중앙에 납골로 안장되어 있다. 소르본 대학의 샤펠에 소르본의 중흥에 힘쓴 추기경 리슐리외의 납골묘가 있는 것은 당연한 일일 것이다. 그러나 전쟁이나 레지스탕스 활동으로 프랑스를 위해 죽은 소르본의 교수와 학생들을 위한 추모기념물을 보았을 때 생각했다. 우리 대학에 한국전쟁 혹은 베트남 전쟁에서 희생한 학생을 기리는 기념물이 어느 한쪽에 하나라도 있는가. 우리 도시에 살다간 이름 없는 사람들에서부터 영웅들에 이르기까지, 그들에 관한 조그만 기억 한 조각 새겨놓았는가.

프랑스 해군이자 탐험가였던 프란시스 가르니에는 메콩강 탐험으로 프랑스 해군의 위상을 높인 인물이다. 그의 유해를 묻은 기념탑이 파리의 중심, 뤽상부르 공원 아래 교차로 한 가운데에 우뚝 서있다. 청불전쟁 때 하노이에서 전사한 그를 일단 사이공의 프랑스 묘지에 안장한 것은 1875년이다. 백 년이 지난 1983년 베트남이 이 묘지를 허물자 프랑스 정부는 오랜 노력 끝에 그의 묘지를 찾아내었고, 파리 한가운데 기념탑을 세우고 유해를 안장한 것이다.

프랑스시 가르니에 기념탑 / 위키피디아

그의 유해가 묻혀있다고 안내하는 현판 / 위키피디아

길거리나 공원 혹은 마을회관이나 구청청사와 같은 공공장소에는 거의 빠짐없이 서있는, 1, 2차 세계대전 혹은 알제리나 베트남 전쟁에서 산화한 그 마을 출신 전사자 추모기념비. 사라져간 도시의 사람들을 잊지 않겠다는, 그들에 대한 공공의 기억이자 살아남은 자들의 사랑이며, 그래서 모두에게 치유가 될 것이다.

파리 북부 오베르 쉬르 우아즈(Auvers Sur Oise) 마을.
1, 2차 대전 마을 출신 전사자 추모비. 인근에 인도차이나 전쟁 전사자,
2차 대전 때 총살 당한 마을 사람들을 위한 작은 추모비가 따로 놓여있다.

한 도시의 묘지와 추모 기념물이 어떻게 사랑과 치유의 의미를 가질까 의문할 수 있다. 그러나 죽음을 기억한다는 것, 죽음에 대해 명상한다는 것은 이미 삶에 대한 치유이다. 죽음이 비로소 삶을 완성하기 때문이다. '철학한다는 것은 죽음을 배우는 것이다[Philosopher, c'est apprendre à mourir]'라는 몽테뉴의 명제가 의미하는 것처럼 죽음을 배우는 것이 철학이고 철학이 좋은 삶을 위한 것이라면, 파리라는 도시가 보여주는 죽음에 대한 태도는 바로 지금, 여기 도시에서 살아가는 사람들의 좋은 삶을 위한 것, 오늘의 삶을 위한 사랑과 치유가 될 것이다.

고대 로마의 공동묘지 입구에 빠짐없이 새겨진 '오늘은 나에게 내일은 너에게[Hodie mihi cras tibi]'라는 경구는 '죽음을 기억하라[Memento mori]'의 직접적인 표현이다. 그러나 이 경구의 또 다른 의미는 '오늘을 즐겨라'Carpe diem일 것이다. 누구도 피할 수 없는 죽음이 오늘의 삶을 경건하게 깨우쳐 준다면, 파리의 이 모든 추모와 기억의 장소는 지금 파리라는 도시에서 살아가는 시민과 여행자에게 삶을 위한 철학적인 치유의 장소임이 분명하다.

기억이 만든 치유의 레퀴엠(requiem)

'죽어서 떨어지는 새 한 마리보다 더 무거운 것은 없다.' 30여 년 전에 읽은 크리스티앙 보벵(Christian Bobin)의 산문집『작은 파티 드레스[Une petite robe de la fête]』에 나오는 구절이라 싶었다. 확인해 보니 절반은 나의 착각이었다. '쓰러진 영혼, 죽은 새보다 더 무거운 영혼'이라는 작가의 원래 구절을 내 기억이 이렇게 왜곡시킨 것이다. 안타까운 죽음을 우연히 만났던 파리의 한 공원에서 생각 한편에 나도 모르게 떠올랐던 구절이었다.

파리개조사업 때 나폴레옹 3세와 오스만 남작은 공원 조성에도 진심이었다. 좁은 파리의 숨 막히는 건물들 사이로 아주 촘촘히 공원을 조성하기로 작정했다. 파리의 허파라는 동서 외곽의 불로뉴와 뱅센느 숲을 비롯해 각 구에 4개씩 모두 80개의 조그만 공원이 이때 만들어졌다. 누구나 걸어서 10분이면 녹색의 수목 아래서 쉴 수 있도록 한 파리의 배려였다.

파리 동북쪽으로 뷔트 쇼몽이라는 동네가 있다. 중심에서 멀지 않은 곳이지만 대혁명 전까지는 교수대가 있었던 지역이다. 석회석 광산이 폐광된 채 오랫동안 방치되어 식물이 자랄 수 없는 민둥산인 채였다. 그래서 뷔뜨 (Buttes 작은 언덕들) 쇼몽(Chaumont 대머리 산)이라는 이름을 얻었다. 도축장이 있었던 일대가 아주 황폐했기 때문에 부랑인들과 범죄자들의 소굴이 되었다.

먼저 조성한 조그만 공원들과는 달리 제2 제정이 끝나가던 1867년, 파리는 이 동네를 통째로 공원으로 변모시킨다. 이 일대가 완전히 녹색의 숲으로 바뀌었다. 그런데 언덕들이 모인 높은 동네여서 또한 비극을 맞는다. 파리코뮌 때 이 언덕에서 천 명 이상의 노동자들, 여인들과 어린이들이 국민군의 대포로 최후까지 항전했고, 처참하게 학살당한 것이다. 엄청난 시체가 공원 중앙의 큰 호수를 가득 채웠다.

20세기 들어서 뷔트 쇼몽 공원은 루이 아라공의 소설 배경이 되기도 했다. 몽수리 공원이 자크 프레베르 시의 배경이 된 것처럼. 몽소 공원이 모네와 카이유보트의 그림 배경이 되었고 이브 뒤떼유가 노래한 샹송의 제목이 된 것처럼. 지금의 뷔트 쇼몽 공원은 호수와 시냇물과 폭포가 흐르고, 우거진 수목들 사이로 군데군데 그레코로만 양식의 건물들이 숨어있는 영국식 정원의 아름다운 공원이다.

파리를 쏘다니던 2020년 어느 날 찾았던 뷔트 쇼몽 공원. 조금 높은 곳에 어린이 놀이터가 있는 어느 언덕을 비켜 지날 때였다. 놀이터입구에서 조금 떨어진 저만치에 입간판 하나가 동그마니 홀로 서있었다.

유태인 어린이 추모비

1942년~1944년, 점령군 나치의 협력자 비시정부 경찰은 11,000명 이상의 어린이를 체포했다. 그들은 아우슈비츠로 끌려가 죽임을 당했다. 유대인이라는 이유 때문이었다.

423명이 넘는 아이들이 여기 19구에 살았는데, 유치원에 가보지도 못한 어린 아기들도 33명 있었다.

길가는 사람이여, 아이들의 이름을 읽어다오, 그대 기억만이 이들의 유일한 무덤이다

글귀 아래에는 5개월부터 5살까지의 아기 이름 서른세 개가 빼곡하게 새겨져 있었다. 조그만 놀이터 하나 조성하면서 오래 전의 아이들이 겪은 비극을 파리는 잊지 않고 기억한 것이다. 나의 '기억이 그들의 유일한 무덤'이라니! 이때 나도 모르게 가슴에 떠오른 구절이 바로 '죽어서 떨어지는 새 한 마리보다 더 무거운 것은 없다.'였다.

유명 묘지나 시내의 큰 로터리나 도로가 아니었다. 공원의 놀이터 옆 한적한 길가였다. 큰 건축물도 웅장한 기념물도 아니었다. 키높이도 되지 않는 달랑 하나 추모비였다. 프랑스와 파리를 위해 희생한 어떤 영웅들이 아니었다. 세상이 무엇인지, 아픔도 슬픔도 모르는, 이유도 모른 채 죽어간 어린 영혼들이었다.

이 조그만 추모비 하나, 파리라는 도시가 저 가녀린 영혼들에게 불러주는 작지만 진심 어린 사랑과 치유의 레퀴엠, 그들에 대한 기억이었다.

참고자료

김미라, 『예술가의 지도』, 서해문집, 2015.
데이비드 하비, 이현주 옮김, 『에펠』, 생각의 나무, 2005.
브로노우스키, 김은국·김현숙 옮김, 『인간 등정의 발자취』, 바다출판사, 2004.
앙드레 모로아, 신용석 옮김, 『프랑스사』, 홍성사, 1987.
우르술라 무쉘러, 김수은 옮김, 『건축사의 대사건들』, 열대림, 2005.

BAROZZI Jacques, Guide des cimetières parisiens, Éditions Hervas, Paris, 1990.
BENOIST Père Jacques, Le Sacré-Cœur de Montmartre de 1870 à nos jours, Les éditions ouvrières, 1992.
BUISSON Didier, Paris ville antique, éditions du patrimoine, 2001.
LEBROS Dominique, Promenades dans les Villages de Paris, Parigramme, 2014.
LERI Jean-Marc, Montmartre, Éditions Henri Veyrier, 1983.
ROMBI Georges, L'homme et la cité, Classiques Hachette, 1974.
THOMAS Gilles, Les Catacombes de Paris, Parigramme, 2014.
TIBERT Michel, La Ville, Classiques Hachette, 1973.
VAN DEPUTTE Jocelyne, Ponts de Paris, Editions Sauret/Paris-Musées, 1994.

Françoise Hamon, Historique du Parc des Buttes-Chaumont, Atelier Grünig-Tribel, mai 2001.
Guillaume Cuchet, ≪Visite au Père-Lachaise≫, L'Histoire, Nr 473-474, juillet-août 2020.
Jérôme Prod'homme, ≪Le cimetière le plus célèbre du monde : le cimetière du Père Lachaise≫, sur France Bleu, 21 mars 2018.
Philibert Humm, ≪Nathalie Rheims décrypte le Père-Lachaise≫, Paris Match, semaine du 30 octobre au 5 novembre 2014.
≪Les fontaines Wallace sont une des richesses patrimoniales de Paris≫, Paris.fr, (13 mars 2019).
≪Paris sous le second Empire - Histoire de Paris≫, sur fernan-dbournon.free.fr (23 mars 2023).

Collectio Humanitatis pro Sanatione XII

파리는 당신을 기억합니다

초 판 1쇄 2024년 09월 25일

지은이 김종기
펴낸이 류종렬

펴낸곳 미다스북스
본부장 임종익
편집장 이다경, 김가영
디자인 임인영, 윤가희
책임진행 이예나, 김요섭, 안채원
표지 일러스트 백수현 〈정물〉
저자 일러스트 신노을
책임편집 최금자, 김남희, 류재민, 배규리, 이지수

등록 2001년 3월 21일 제2001-000040호
주소 서울시 마포구 양화로 133 서교타워 711호
전화 02) 322-7802~3
팩스 02) 6007-1845
블로그 http://blog.naver.com/midasbooks
전자주소 midasbooks@hanmail.net
페이스북 https://www.facebook.com/midasbooks425
인스타그램 https://www.instagram.com/midasbooks

© 치유인문컬렉션 기획위원회, 미다스북스 2024, *Printed in Korea*.

ISBN 979-11-6910-812-6 03100

값 25,000원

미다스북스는 다음세대에게 필요한 지혜와 교양을 생각합니다.